KB057177

정신과 의사에게 배우는 듣기의 기술

정신과 의사에게
배우는

듣기의 기술

다카하시 가즈미 지음
정지영 옮김

시그마북스
Sigma Books

정신과 의사에게 배우는 듣기의 기술

발행일 2020년 6월 15일 초판 1쇄 발행
2020년 9월 1일 초판 2쇄 발행
지은이 다카하시 가즈미
옮긴이 정지영
발행인 강학경
발행처 시그마북스
마케팅 정제용
에디터 장민정, 최윤정, 최연정
디자인 최희민, 김문배

등록번호 제10-965호
주소 서울특별시 영등포구 양평로 22길 21 선유도코오롱디지털타워 A402호
전자우편 sigmabooks@spress.co.kr
홈페이지 http://www.sigmabooks.co.kr
전화 (02) 2062-5288~9
팩시밀리 (02) 323-4197
ISBN 979-11-90257-51-0(03180)

이 도서의 국립중앙도서관 출판예정도서목록(CIP)은 서지정보유통지원시스템 홈페이지(http://seoji.nl.go.kr)와 국가자료종합목록 구축시스템(http://kolis-net.nl.go.kr)에서 이용하실 수 있습니다.
(CIP제어번호: CIP2020019883)

* 시그마북스는 (주) 시그마프레스의 자매회사로 일반 단행본 전문 출판사입니다.

귀로 듣지 말고 마음으로 들어라.

- 장자 -

머리말

사람은 말로 인해 성장한다. 특히 영유아기에는 언어 습득과 마음의 발달 사이에 밀접한 관계가 있다. 어린아이는 1세 무렵부터 말을 사용하게 되어 처음에는 엄마, 아빠 같은 한 마디 말만 하지만, 이윽고 "엄마, 여기"라고 두 마디 말을 하고, 나아가 "엄마 주스 줘" 같은 문장을 만든다. 이에 따라 그들이 살아가는 세계는 확장된다.

영유아기에 일어나는 가장 큰 심리 발달은 제1 반항기에 일어난다. 그때는 아주 새로운 종류의 말을 배운다.

"싫어, 안 해."

이것은 엄마에게 거절을 표현하는 말이다. 아이에게 엄마는 이 세상에 태어난 뒤 줄곧 가장 소중하고 신뢰할 수 있는 존재였다. 그런 엄마에게 반항하는 것이다. 태어나서 처음으로 자기주장을 한다. 자기주장이란 타인과는 다른 자신을 내보이는 일이다.

이제까지는 엄마의 품 안에서, 혹은 엄마의 뒤를 쫓아온 아이가 "이를 닦아야지", "옷 갈아입자", "제대로 앉아서 밥 먹어"라는 말을 들어도 "싫어, 안 해"라고 말하면서 반항한다. 이것이 심리적으로 얼마나 중대한 변화인지 알 것이다.

이렇게 새로운 말을 배우면서 사람은 자아를 확장한다. 즉, 이제까지 엄마에게 보호받는 존재였던 아이가 스스로 주체적으로 움직이는 것을 배운다. 제1 반항기를 넘어가면 그 아이는 다시 엄마가 하는 말을 듣게 되지만, 그것은 거절도 선택할 수 있음을 알고 난 뒤에 주체적으로 선택한 결과다. 이는 마음의 큰 확장을 보여준다.

반면에 "싫어, 안 해"라는 말을 습득하지 못해 제1 반항기를 넘지 못한 아이는 어떻게 될까? 그들은 사회(타인) 속에서 자기주장을 하지 못하게 된다. 가령 유치원에서 자신의 장난감을 다른 아이에게 빼앗겨도 "내 거야. 돌려줘"라고 말하지 못한다. "싫어, 안 해"라는 말을 모르기 때문이다.

제1 반항기는 아이들 대부분이 자연히 극복하는 발달 단계다. 그 후에도 아이들은 많은 말을 습득해서 마음을 확장하는데, 인생에서 제2의 중대한 말의 발견은 사춘기(제2 반항기)에 일어난다. 새로운 말은 바로 이것이다.

"나 좀 내버려 둬."

자신은 이제부터 부모와 다르게 살 것이라는 선언이다. 사춘기에 이 말을 사용하는 것은 정신적인 자립을 의미한다. 그것이 마침내 학업을 끝낸 후 경제적인 자립으로 이어진다. 사춘기의 양상은 그때까지 쌓은 부모 자식 관계에 따라 다양한 모습을 보인다. 자연스럽게 부모에게서 멀어져 저녁 식사 후에 조용히 자신의 방에 가는 아이도 있고, 부모와 심한 격투(때로는 가정폭력에 이르기도 한다)를 연출하는 경우도 있다. 어느 쪽이든 "나 좀 내버려 둬. 내 일은 내가 알아서 할게"라고 정신적으로 성장하는 것이다. 그리고 어른이 될 무렵 25세 정도를 기점으로 사회에서 사용되는 말을 전부 터득하고 마음도 안정된다.

그러나 어른이 된 뒤에도 우리는 이따금 새로운 말을 발견한다. 누군가와 이야기를 하고 있을 때 문득 상대의 말에 감탄해서 '아, 저렇게 표현할 수도 있구나'라고 생각하기도 한다. 혹은 고민을 털어놓는 친구의 말을 듣고 '솔직하네. 저렇게 자기 마음을 말할 수 있으면 좋겠다'고 느끼는 경우도 있다. 그것은 자기 내면에 쌓였던 기분이나 제대로 표현하지 못했던 마음의 상태를 대변해주었을 때 느끼는 감정이다.

만약 어른인 우리가 제1 반항기의 "싫어, 안 해"나 사춘기의 "나 좀 내버려 둬" 같은 새로운 말을 발견할 수 있다면 인생은 다시 극적으로 바뀔지도 모른다.

사실 정신요법과 심리상담은 이 새로운 말을 발견해가는 작업이다. 그 과정에서 자신을 이야기하며 새로운 말을 찾아낸다. 심리상담에서 자신의 괴로움이나 고통을 이야기하는 동안 자신에게 더 어울리는 듯한 말을 만난다. 그때까지는 무언가 제대로 표현하지 못해서 흐릿했던 마음에 딱 맞는 표현을 찾아내는 것이다. 그렇게 하면 순간 '아, 나는 그랬던 건가!'라고 납득이 가고, 자신이 확장된 듯한 기분이 든다.

그런 표현을 몇 가지 발견하면 자연히 그 말이 머릿속에 펼쳐져서 자리를 잡는다. 새로운 말이 겹겹이 쌓여서 결과적으로 말 전체를 통솔하는 문법도 바뀐다. 마지막에는 그 사람의 삶의 방식(인생관)이 바뀐다.

물리학에는 자기 조직화Self-Organization라는 개념이 있다. 이것은 더욱 보편적인 질서를 찾아가는 자연계의 힘을 말한다. 흩어진 요소가 상호작용으로 결합하여 자발적으로 질서를 만들어내는 것이다. 간단한 예로 눈의 결정을 들 수 있다. 대기 중의 수증기는 어느 일정한 온도 조건에서 아름다운 육각형의 결정을 자발적으로 만들어낸다.

또한 유전자를 구성하는 DNA는 몇억 년에 걸쳐 핵산이라는 구성요소=분자가 자기 조직화를 반복한 결과 현재의 정교하고 치밀한 구조가 되었다고 한다. 더 보편적인 질서라는 것은 DNA로 말하자면 지구에 더 잘 적응해서 살아가는 능력을 높이는 일이다. 뇌의 신경세포 네트워크도 오랜 세월 자기 조직화의 힘으로 구성되었다고 한다.

나는 심리상담에 따른 새로운 말의 발견과 문법의 수정이 이런 자기 조직화의 과정이라고 생각한다. 게다가 그 힘은 신경회로의 재조직에까지 이르지 않을까 싶다. 심리상담에서 어떤 어려움도 없이 자유롭게 자신을 이야기하게 되면 자기 조직화가 자동적으로 시작된다. 이것이 시작되면 무의식의 수준, 즉 아직 언어화되지 않은 기분(감정)에서 몇 가지 말이 생겨나고, 말의 네트워크가 문법을 바꾸고, 마지막에는 삶의 방식을 바꾸게 된다. 심리상담에서 그 과정이 어떻게 일어나는지 이제부터 차례대로 살펴보자.

자신에 대해 이야기하면서 사람은 바뀌고, 삶의 방식도 바뀐다. 사람이 자신에 대해 이야기하면서 새로운 말과 문맥을 얼마나 발견하느냐에 따라 그 사람의 삶의 방식이 바뀌는 속도와 깊이가 달라진다. 그리고 사람이 계속 이야기할 수 있도록 지탱해주는 것은 듣는 사람의 듣기 능력이다.

(이 책에는 많은 사례가 등장하는데, 전부 필자가 창작한 가공의 이야기, 즉 가상의 사례임을 미리 밝혀둔다.)

| 차 례 |

제2장 ___ 가만히 듣기

제3장 ___ 동조하면서 듣기

제4장 ___ 감정을 듣기

제5장 ___ 갈등을 듣기

제6장 ___ 자신의 마음을 듣기

제1장

이야기를 하면 왜 편안해질까?

– 사람이 이야기하는 것은 자신을 지지해주기 바라기 때문이다

01

듣는 기술이란 무엇인가?

동조하면서 이야기를 들어주면 마음이 편안해진다

심리상담, 정신요법의 가장 알기 쉬운 효과는 이야기를 털어놓고 마음의 평온을 찾는 것이다. 누구나 일상생활에서 그 효과를 경험하고 있다. 우리는 "얼마 전에 속상한 일이 있었는데 말이야"라고 말을 꺼낸 뒤 어떤 안 좋은 일이 있었는지, 얼마나 힘든 일이 있었는지 이야기한다. 가령 "A씨에게 이런 말을 들었어. 말이 좀 심한 거 같지 않아?"라는 식이다. 그러면 이야기했다는 사실만으로도 말하는 사람(화자)은 속이 후련해져서 그 사건을 잊어간다.

말하는 사람이 편안해진 것은 A씨를 향한 분노를 털어놓았고, 상대가 동조했다고 생각하기 때문이다. 물론 듣는 사람(청자)이 이야기 내용에 동조하는지 여부는 알 수 없지만, 듣는 사람이 가만히 있으면 말하는 사람은 상대가 동조했다고 생각한다. 이것이 일상 대화를 하면서 얻을 수 있는 효과다.

반면에 갑자기 A씨의 이야기를 들은 사람은 자칫하면 꺼림칙한 기분이 들 수도 있다. 말하는 사람이 A씨에게 느끼는 분노가 듣는 사람에게 고스란히 전해지기 때문이다. 특히 듣는 사람이 아무 반응도 하지 못하면 그런 기분이 된다.

만약 말하는 사람이 A씨의 일을 이야기한 다음에 "너는 어떻게 생각해?"라며 듣는 사람에게 말할 기회를 주었다고 하자. 듣는 사람이 "A씨가 말을 심하게 했네"라고 대답한다면 그가 느낀 분노도 사라진다. 그러면 말하는 사람, 듣는 사람이 함께 편안해져서 대화가 순조롭게 진행되고, 그 상태에서 마무리된다.

다른 사람의 이야기를 능숙하게 듣는 사람은 가만히 상대의 이야기를 들으면서 "그렇지", "그건 심하다"라는 식으로 적당히 반응해서 자신에게도 꺼림칙한 기분이 쌓이지 않도록 한다.

전문가는 대응하지 않고 가만히 듣는다

말하는 사람과 듣는 사람의 이런 관계가 '말하기-듣기'라는 심리상담의 기본적인 관계다. 그리고 상대가 이야기를 들어주면 마음이 편안해지는 효과는 일상 대화에도 심리상담에도 똑같이 적용된다.

그러나 듣는 쪽에는 차이가 있다. 가장 큰 차이는 심리상담 상황에서 듣는 사람(상담자)은 결코 반응하는 말을 하지 않는다는 점이다. 그때는 오직 말하는 사람(내담자)만 이야기한다. 왜 상담자는 대응하거나 반응을 보이지 않는 것일까?

결론부터 말하자면 그렇게 했을 때 말하는 사람의 자기 조직화하는 힘을 약화시키기 때문이다(이 책의 후반에 설명하겠다). 그러나 가만히 듣기만 하면 듣는 사람(상담자)에게는 꺼림칙한 느낌이 쌓인다. 게다가 심리상담 상황에서 언급되는 내용은 일상생활의 사소한 다툼보다 훨씬 무거운 이야기가 대부분이므로 한층 더 그렇다. 부정적인 이야기만 듣고 있으면 상담자는 말하는 사람(내담자)에 대해 분노와 비슷한 복잡한 감정을 품게 된다.

두 사람이 마주하고 이야기하다 보면 듣는 사람이 느낀 분노가 곧 말하는 사람에게도 전해진다. 그러면 처음에는 상대가 동조하고 있다고 느껴서 기분 좋게 이야기하던 내담자가 '내 이야기를 별로 이해하지 못하는 것 같은데'라고 느껴서 심리상담이 소용없어진다. 결국 이야기를 털어놓고 마음의 평온을 얻는 심리상담의 효과는 사라진다.

듣는 기술이란 심리상담에서 꺼림칙한 느낌을 쌓지 않고 내담자의 이야기를 가만히 다 듣기 위한 기술이다. 내담자 측에서 말하자면 한없이 기분 좋고 자유롭게 이야기할 수 있고, 자기 조직화하는 힘이 작동하도록 지원받는 기술이다. 능숙하게 듣는 궁극의 기술이라고 말해도 될 것이다.

02

상담자는 세상을 대표해서 동조해주는 존재다

단 하나의 동조자

고민을 이야기하고 괴로워하는 자신에게 상대가 동조해주면 말하는 사람은 자책감이 줄어든다. '내가 이런 상태인데도 괜찮은 건가'라고 생각할 수 있기 때문이다. 다른 사람에게 이야기하면 편안해지는 가장 큰 이유다.

반면에 누구에게도 고민을 털어놓지 못하고 혼자서 끙끙 앓다 보면 대개는 점점 더 괴로워진다. 계속 자책하면서 자기만 형편없는 인간이라고 생각하기 때문이다. 그 배경에는 자신이 타인에게 미움받고 따돌림당한다는 고립감과 공포심이 있다.

예를 들어 어머니와 단둘이 모자가정에서 자란 19세 여성 B씨가 있다고 하자. 그녀는 힘겹게 입시 공부를 해서 원하는 대학에 당당히 합격했다. 입학 후 학교생활을 마음껏 즐기고자 했지만, 주변에는 부족함 없이 자라 구김살 없이 밝고 화려한 여대생들만 있었다. B씨는 자신이 그늘지고 자신감이 없어서 사람들과 밝게 대화하며 어울리지 못한다고 고민했고, 그런 자신의 성격이 싫었다.

그녀는 고교 시절의 친구를 만나서 "나는 이런 가정에서 자라서 성격이 어두워졌어. 내가 어릴 때 이혼한 엄마가 원망스러워"라고 이야기했다. 만약 친구가 "맞아, 그래. 너는 참 고생이 많았지"라고 동조해주면 B씨의 마음은 편안해질 것이다. 그리고 마음을 고쳐먹고 '그래 뭐 어때. 이제부터는 나 나름대로 학교생활을 즐기면 되지'라고 생각할 것이다.

그러나 오히려 친구가 "어머니께서 홀로 힘들게 너를 키우셨는데 원망하면 안 돼. 이제 와서 부모님 탓을 한다고 무슨 소용이 있겠어"라고 답한다면 마음이 불편해질 것이다. 그리고 고민은 깊어지고 더욱 자책하며 움츠러들 것이다.

친구에게 어떤 반응이 돌아와도 지금의 상황, 즉 밝게 빛

나는 여대생들 틈에서 그늘지고 위축된 자신의 상황은 변하지 않는다. 그러나 친구의 반응에 따라 마음이 편안해질 수도 있고, 더 어두워질 수도 있다. 편안해지는 것은 자신의 마음을 인정해주는 사람과 연결되었기 때문이다. 극심한 불행이나 고민을 안고 있어도 사람은 다른 사람과 연결되어 있으면 강해지고 고민은 줄어든다. 반면에 혼자 고립되어 있으면 약해지고 고민은 깊어진다.

B씨는 단 한 명의 친구에게만 이야기를 털어놓았다. 단 한 명인데도 그 사람이 동조해주면 온 세상의 사람과 연결된 기분이 든다. 단 한 명인데도 그 사람이 동조해주지 않으면 세상 모든 사람에게 버려진 기분이 든다. 상담자는 이렇게 내담자의 말을 들어주는 유일한 사람이다. 세상을 대표해서 이야기를 들어주는 사람이므로 책임이 막중하다.

'빨간 신호라도 다 같이 건너면 무섭지 않다'는 말이 있다. 혼자서 규칙을 어기면 자기 혼자 비난받지만, 모두 함께하면 비난받을 걱정이 없다. 혼자라면 규칙을 어긴 자책감으로 침울해지거나 자기만 비난받고 따돌림당한다는 불안에 사로잡힐 수도 있다. 하지만 다 같이 빨간 신호에 길을 건넜다면, 규칙에는 어긋나지만 자동차가 지나가지 않으므로 괜찮다고 생각하거나 오히려 합리적이라고 주장할 수도 있다. 어찌 되었든 모두 함께 기분이 공유되면 사람은 편안함을 느낀다.

이것은 자신의 고민을 다른 사람에게 털어놓는 것과 같은 효과라고 할 수 있다. 누군가 한 사람에게 이야기를 털어놓을 때 느끼는 감정과 모두에게 동조 받을 때 느끼는 감정은 비슷하다. 단 한 사람이라도 자신을 알아준다면 사람은 세상과 연결된다. 이 세상의 이해와 인식은 모두 밀접하게 이어져 있기 때문이다.

삶의 방식이나 정치적 신조에는 차이가 있어도 모든 사람에게는 살아간다는 공통의 토대가 있기에 서로를 인식하고 이해하며 의견을 합의해나간다. 그 모든 것은 말로 연결되어 있다. 상대방에게 이해받아서 안심하는 마음이 생길 때 우리는 그 연결을 확인할 수 있다.

03

동조하면서 듣기의 어려움

말하는 사람을 편안하게 하는 세 가지 조건

이제부터 말하는 사람을 편안하게 하는 듣기 방법을 경청이라고 부르겠다. 경청에는 첫째 '동조하면서 듣기', 둘째 '가만히 듣기', 셋째 '세상을 대표해서 듣기'라는 요건이 있음을 앞에서 살펴보았다.

나는 오랫동안 상담자 교육을 하고 있다. 이것을 심리상담 슈퍼비전이라고 한다. 교육을 할 때는 동조하면서 이야기를 듣는 일이 얼마나 어려운지 절실히 느껴진다. 이야기를 계속 듣고 있으면 반드시 동조할 수 없는 부분이 생기고, 중간에 끼어들고 싶어진다. 두 사람이 대화하는데 한쪽이 가만히 듣기만 하는 것은 불가능에 가깝다고 생각할 정도다.

게다가 세상을 대표해서 듣는 것은 과장된 일이라고 생각될지도 모른다. 그러나 사람이 마음을 털어놓고 싶을 때는 당연히 상대를 고르기 마련이다. 일상의 사소한 일을 이야기할 때도 자신을 이해해줄 만한 상대를 고르는데, 하물며 인생의 깊은 고민이 있을 때는 더욱 그럴 것이다. 그때 듣는 사람은 말하는 사람에게 세상을 대표하는 사람으로 선택받은 셈이다.

이제 동조하면서 듣기의 어려움에 대해 예를 들어 알아보자.

반대할 수 있어야 비로소 동조할 수 있다

이야기에 동조해서 들으려면 그 이야기에 찬성하는 기분과 반대하는 기분을 이해하고 듣는 사람이 그것을 자각하고 있어야 한다. 즉, 이야기 내용에 대해 다음과 같은 두 가지 마음을 느껴야 한다.

① 잘 알지. 그래, 맞아. 그 마음에 찬성해.

② 그런 말을 하다니 어리석네. 난 찬성할 수 없어. 반대야.

이런 두 가지 기분을 느끼지 못하면 계속 동조하면서 들을 수 없다. 예를 들어 내담자가 "괴로워서 죽고 싶어요"라고 이야기했다고 하자. 그때 듣기의 전문가인 정신과 의사나 상담자가 상대의 이야기에 동조하면서 들으려면 두 가지 기분을 느낄 필요가 있다.

① 맞아요. 그렇게 괴롭다면 죽고 싶을 거예요.

② 그렇게 말해도 포기하지 말고 문제를 해결해갑시다.

이렇게 찬성과 반대, 두 가지 마음이다. 죽고 싶다는 말을 들었을 때 상담자가 대답하는 말은 실제로 "그런가요" 정도다. 혹은 가볍게 고개를 끄덕이는 반응에 그칠 수도 있다. 그 속에 '① 그 마음 이해해요. 그럴 수 있어요'와 '② 하지만 해결해서 앞으로 나아가고 싶은 마음도 있을 거예요'라는 찬성과 반대의 마음이 다 들어가 있다. 상담자의 수긍 속에서 양쪽을 느낀 내담자는 깊게 안도한다.

사람이 죽고 싶다고 했을 때 그 속에는 사실 살고 싶다는 마음이 포함되어 있다. 살려고 하지 않으면 죽고 싶다고 생각하는 일도 없을 테니 말이다. 죽고 싶다는 기분에 동조 받지 못하고 "나약한 말 하지 마세요. 힘내서 앞을 향해 나아가야죠"라고 들으면 내담자는 자신이 부정당했다고 느껴서 더욱 침울해진다. '아, (저 사람 앞에서) 죽고 싶다는 말을 하는 게 아니었는데'라고 후회할 것이다.

반면에 죽고 싶다는 기분에만 동조해서 "그렇게 괴롭다면 죽을 수도 있겠네요"라고 하면 이것 또한 내담자의 기분을 부정하는 일이 된다. 내담자는 버림받아서 죽을 수밖에 없다고 괴로워질 것이다. 다시 말하지만 '죽고 싶다'에는 '살고 싶다'가 포함되어 있기 때문이다. 이처럼 심리상담 중에서도 가장 절실한 '죽고 싶다'는 호소를 진심으로 동조하면서 듣는 것은 매우 어려운 일이다.

'죽고 싶다'라는 극단적인 예를 들어 설명했지만, 어떤 이야기도 동조하면서 들으려면 상담자는 찬성과 반대의 두 가지 기분을 동시에 느끼면서 경청해야 한다. 그렇지 않으면 이 의

견에는 찬성, 그러나 이 사고방식에는 반대라는 식으로 흔들리게 되고, 그 흔들림은 내담자에게 전해진다.

어떤 이야기에도 찬성하거나 반대하는 마음을 다 느끼려면 마음이 상당히 넓어야 한다. 이것은 심리상담의 기술 중에서도 꽤 심오한 비법이다. 따라서 상담자 교육을 할 때도 상당히 숙달된 뒤에야 이 비법을 가르친다.

내가 상담자에게 처음으로 가르치는 것은 가만히 듣기다. 동조하면서 듣기 전에 "일단 중간에 끼어들지 말고 가만히 들어야 한다"고 가르친다. 왜 이것부터 가르치는지는 다음 장에서 이야기하겠다.

제2장

가만히 듣기

– 이야기가 끝날 때까지 가만히 들어주면 마음이 안정된다

이제부터 구체적으로 듣는 기술을 배워보자. 듣는 기술에는 4단계가 있는데, 그것은 3장에서 자세히 소개하겠다. 4단계 중 1단계는 일단 가만히 듣는 것이다.

01

가만히 듣는 기술: 중간에 끼어들지 않기, 질문하지 않기, 조언하지 않기

일단 가만히 듣는다

이야기를 털어놓고 동조 받기만 해도 사람은 편안해진다. 그리고 그 경험이 마침내 그 사람의 인생을 바꾸어간다. 그것이 심리상담이며 듣는 기술의 본질적인 작용이다. 동조하면서 듣기는 정신과 의사, 상담자, 사회 복지 전문가에게 중요한 기술이다. 그러나 앞서 말했듯이 이것은 전문가에게도 어려운 기술이다.

나는 상담자의 슈퍼비전을 하고 있다고 말했다. 슈퍼비전이란 상담자가 올바른 치료 방침을 지니고 있는지, 내담자의 이야기를 제대로 들을 수 있는지, 올바른 조언을 해줄 수 있는지 확인하고, 상담이 제대로 진행되도록 지도하는 일이다. 즉, 듣는 기술을 가르치고 갈고닦게 한다.

슈퍼비전을 원하는 상담자가 찾아오면 나는 먼저 상담자에게 축어록을 만들라고 말한다. 축어록이란 심리상담 시 내담자와 상담자의 발언을 기록하는 것으로 다음과 같은 순서로 작성한다. 먼저 심리상담이 한창일 때 내담자의 이야기를 들으면서 간단한 메모를 남긴다. 심리상담이 끝났다면 (되도록 직후에) 메모를 바탕으로 내담자의 발언과 자신(상담자)의 발언을 가능한 한 정확하게 복원한다. 일반적인 50분간의 심리상담이라면 A4 용지로 3, 4장 분량이 된다. 그 축어록을 토대로 슈퍼비전이 시작된다.

슈퍼비전이 시작되고 한동안은 동조하면서 들으라고 가르치지 않는다. 처음 얼마 동안은 "일단 가만히 내담자의 이야기를 들으세요"라고만 가르친다. 이것을 완수하면 그다음에 "내담자의 이야기에 동조하면서 들으세요"라고 가르친다.

왜 이런 순서대로 가르치냐면 상담자는 가만히 듣기와 동조하면서 듣기, 두 가지를 동시에 배우면 아무래도 동조하면서 듣는 쪽으로 마음이 기울기 때문이다. 그것은 사람을 돕고 싶다, 다른 사람에게 도움이 되고 싶다는 자연스러운 마음에서 나오는 것이며, 상담자가 되려고 하는 사람들은 특히 그런 마음이 강하다. 물론 이 마음은 중요하다.

그러나 결과만 놓고 보면 가만히 듣는 데 소홀해지므로 나중에 곤란해진다. 가만히 듣기를 마스터하지 않으면 더 깊은 수준의 심리상담이 진행되지 않기 때문이다. 가만히 듣기를 1단계, 동조하면서 듣기를 2단계라고 하면 슈퍼비전을 통해 1단계부터 2단계까지 진행하는 것은 빠른 사람이라도 수개월, 대개는 1년 이상 걸린다. 이제 1단계 듣는 기술, 가만히 듣기를 설명하겠다.

간단한 듯해도 지극히 어려운 가만히 듣기

가만히 듣기란 아무것도 하지 않고 그저 듣는 일이다. 간단해 보이지만, 심리상담 중에서도 난도가 높은 기법이다. 이것을 제대로 할 수 있다면 그것만으로도 상담자로서 일류라고 할 정도다. 그저 가만히 듣는 일을 좀 더 자세히 정의하자면 다음과 같다.

〈가만히 듣기 위한 세 가지 지침〉

내담자의 이야기가 시작되었다면 다음 세 가지 지침을 지키며 이야기가 끝날 때까지 조용히 듣기만 한다.

① 절대 끼어들지 않는다.

② 절대 질문하지 않는다.

③ 절대 조언하지 않는다.

얼핏 매우 간단해 보이지만, 막상 실천하려면 지키기 어려운 것들이다. 시험 삼아 일상 대화에서 실천해보면 그 어려움을 몸소 느낄 수 있을 것이다. 친구나 가족이 여러분 앞에서 무언가를 이야기하기 시작했다면 끼어들지 않고, 질문하지 않고, 의견을 말하지 않고 그저 고개만 끄덕이며 들을 수 있겠는가?

가만히 듣기를 좀 더 자세하게 정의하자면 다음과 같은 일을 하지 않는 것이다.

〈가만히 듣기의 네 가지 금기〉

① 지지, 승인하는 말을 하며 끼어들지 않는다.
상대가 말하는 내용에 동의해서 "나도 그렇게 생각해"라는 식으로 전달하지 않는다.

② 복창, 반복, 요약을 하지 않는다.
상담자가 상대 이야기의 요점을 파악해서 그와 관련된 말을 하지 않는다.

③ 명확화하지 않는다.
내담자가 깨닫지 못한 것을 상담자가 다른 말로 바꾸거나 요점을 지적하지 않는다.

④ 설령 이해되지 않는 부분이 있어도 되묻지 않는다.

일단 가만히 아무 말도 하지 않고 듣는 것이다.

사람은 누구나 끼어들게 된다

나는 슈퍼비전을 할 때마다 "아무 말도 하지 말고 가만히 들으세요"라고 반복해서 가르친다. 그러나 상담자들이 그다음 슈퍼비전에 가져온 축어록을 보면 대부분이 끼어들고 있다. 사람은 저도 모르게 끼어들게 되기 때문이다.

사례를 하나 들어보겠다. 다음은 어느 심리상담 축어록의 일부분이다. 내담자는 AB이고, 상담자는 Co로 표기한다.

AB 사실은…… 힘들었던 일이 떠올라서 우울해졌어요. 지난주 4월 7일이 어머니 기일이라서 오후에 일을 쉬고 성묘를 하러 갔더니 많은 일이 떠오르더라고요. 어머니는 말년에 혼자 사셨어요. 저는 쉬는 날마다 항상 집에 가서 어머니를 도와드렸어요.

이미 그 무렵에는 다리가 불편해서 혼자 물건을 사러 갈 수 없으셨거든요. "내가 장 봐올게"라고 말해도 어머니는 "괜찮아. 내가 할 수 있어"라고 말씀하셨어요. 하지만 무거운 물건을 들면 걷기도 힘드셨어요. 나이가 이렇게 드셨어도 나를 신경 쓰셨구나, 그때 느꼈던 감정이 떠오르니 여러모로 좀 더 잘해드렸어야 했는데, 그러지 못해서……. (후략)

Co 그러셨군요. 참 힘드셨죠. 좋은 어머니셨네요.

AB 네, 하지만 그때부터 마음을 고쳐먹고 이번 주는 활기차게 업무에 열중하려고 노력하고 있어요.

Co 노력하셨군요. 훌륭하세요. 잘하고 계세요.

읽어보면 매우 평범한 대화이며, 상담자도 잘 듣고 있는 듯하다. 그러나 가만히 듣기 위한 세 가지 지침 중 첫 번째 '절대 끼어들지 않는다'를 분명히 위반하고 있다.

관심을 보이며 상대의 이야기를 잘 들으려고 하면 내용에 찬성하든 반대하든 결국 끼어들게 된다. 물론 깊은 관심을 갖고 내담자의 이야기를 들어야 한다. 하지만 결코 끼어들어서는 안 된다. 이 두 가지는 모순되는 이율배반이지만 그래도 실행해야 한다.

어떻게 해도 질문을 하게 된다

다음으로 두 번째 지침, '절대 질문하지 않는다'에 대해 예를 들어보자. 내담자는 AC이고, 상담자는 Co로 표기한다.

AC 어제 아주 안 좋은 일이 있었어요. 퇴근하는 길에 ○○○역에서 환승을 했는데, 엄청나게 붐비더라고요. 서둘러 가다가 어떤 남자와 어깨를 부딪쳤는데, 제가 넘어지면서 무릎을 바닥에 찧었거든요. 들고 있던 쇼핑백에서 물건도 다 튀어나왔고요. 그런데 그 사람이 "뭐야, 눈을 어디에 달고 다니는 거야?"라고 버럭 화를 냈어요. 그때는 물건을 줍느라 정신이 없었는데, 나중에 생각해보니 억울하고 분해서 눈물이 줄줄 나더라고요.

Co 그거 정말 심하네요. 잘 못 들었는데 어느 역이라고 하셨죠?

AC 네? 아, 신바시역이요.

상대의 이야기를 신중하게 들으려고 하면 이해하지 못한 말을 확인하고 싶어진다. 그러나 심리상담에서는 결코 질문을 해서는 안 된다. 내담자는 이 상황에서 '상대가 화를 내서 비참하고 억울했다'는 것을 전하고 싶은 것이다. 어느 역에서 일어난 일인지는 중요한 문제가 아니다.

이처럼 중간에 질문이 들어오면 이해받고자 했던 감정이 상대에게 전달되지 않고 어중간하게 끝난다. 결국 '이야기를 들어줘서 다행이다'라는 안도감은 생겨나지 않을 것이다. 그러면 심리상담의 효과가 반감되는 것은 물론이고, 말하는 사람은 억울함을 이해받지 못해 실망하고 만다.

조언을 하게 된다

듣는 기술의 세 번째 지침, '절대 조언하지 않는다'는 내담자가 곤란을 겪고 있는 일에 대해 상담자가 "이렇게 하면 좋아요", "그렇게 생각하지 말고 이렇게 합시다"라는 식으로 조언해서는 안 된다는 뜻이다. 다음 예에서 내담자는 AD, 상담자는 Co로 표기한다.

AD 남편의 알코올 문제로 골치가 아파요. 술에 취해 집에 돌아오면 난폭해져서 물건을 부수거나…… 세 살 딸을 깨워서 마구 호통을 치기도 해요. 어젯밤에는 생활비 이야기를 꺼내더니 "내 월급으로 생활비가 부족해?"라며 제게 일을 관두라고 했어요. 하지만 남편이 주는 돈으로는 생활비가 부족해요. 그리고 저도 간신히 지속하고 있는 일을 지금은 관두고 싶지 않고요. 그렇게 말했더니 갑자기 저를 때렸어요. 딸을 안고 있는 제 머리를 몇 번씩이나…… 얼굴을 맞으면 일을 하러 갈 수 없어서…… 딸을 안고…… (눈물). (중략) 결혼한 지 4년이 되었어요. 이혼도 생각해봤는데 제가 사정이 있어서 친정에 돌아갈 수가 없어요. 달리 갈 곳도 없고……. (침묵)

Co 심각하군요. 언제부터 남편의 폭력이 시작되었나요?

AD 결혼하고 바로요. 결혼 전에는 상냥한 사람이었는데…….

Co 심한 DV(폭력) 남편이네요. 따님을 데리고 도망갈 방법도 있어요. 그런 남편에게서 벗어날 수 있는 쉼터가 있다는 걸 알고 계세요?

AD 네, 알고 있어요.

심리상담에서는 결코 조언을 해서는 안 된다. 조언을 하게 되면 심리상담에 의해 마음이 변화하는 계기를 빼앗기기 때문이다. 앞의 예시에서 AD씨는 4년 동안이나 남편의 폭력에 시달려왔다. 쉼터도 알고 있었으므로 이혼이나 남편에게 벗어나는 일도 몇 번이나 생각했을 것이다.

그러나 지금까지 그 결심을 하지 않은 것은 어떤 심각한 마음의 문제를 안고 있기 때문이다. 그것을 마주해서 자신을 바라보지 않으면 행동하지 못할 것이다. 그런데 조언을 하면 AD씨가 스스로 문제를 마주할 마음을 빼앗게 된다. 심리상담에 방문한 진짜 목적, 마음을 정리해서 새로운 용기를 얻기 위한 기회를 방해하고 만다.

이것은 심리상담 기술의 핵심에 가까운 내용이다. 이는 '갈등을 듣기(제5장)'에서 더 자세히 살펴보자.

02

끼어드는 경우와 가만히 경청한 경우의 차이

불안 발작이 있는 내담자의 예시를 통한 비교

짧은 세 가지 사례를 통해 끼어들지 않고 듣기가 어떤 것인지 이해했는가? 다음으로 좀 더 긴 사례를 소개하겠다. 심리상담은 대개 1회에 50분인 경우가 많다. 이 1회분 시간을 섹션이라고 부른다. 1회 섹션의 50분 동안 상담자가 (A) 끼어드는 경우와 (B) 가만히 경청하는 경우에 따라 내담자의 이야기 내용이 얼마나 달라지는지 살펴보자. 상담자의 듣는 방식에 따라 큰 차이가 난다. 결론부터 말하자면 양쪽의 차이는 〈표 1〉처럼 정리할 수 있다.

〈표 1〉 (A) 끼어드는 경우와 (B) 가만히 경청하는 경우의 차이

(A) 끼어드는 경우	내담자의 호소는 표면적인 수준에서 멈추고, 내용은 내담자가 그때까지 혼자 생각했던 범위 내에서 맴돈다.	상담자가 경청하지 못하고 끼어들면 전체가 질의응답 시간이 되어 내담자가 자신에 대해 이야기하는 내용이 상담자의 질문과 의향에 따르게 된다. 새로운 말을 발견하거나 깨달음을 얻는 일은 생기지 않는다.
(B) 가만히 경청하는 경우	내담자는 더 깊은 수준의 고민을 말하기 시작하고, 깨닫지 못한 자신을 발견하며, 심지어 회복의 계기가 되는 말을 하기도 한다.	마음의 고민은 그 사람의 기본적인 삶의 방식과 이어져 있으므로 고민을 자유롭게 언어화하기 시작하면 의식은 자연히 마음속 깊은 수준에 들어가서 본인도 깨닫지 못했던 것이 언어화된다. 그러면 문제 해결로 가는 의외의 계기가 제시되기도 한다.

다음 사례의 내담자는 YS라는 40세 여성이다. 결혼한 지 6년째이고, 2세 연하의 남편과 살고 있으며, 아이는 없고, 맞벌이를 하고 있다. 상담 신청서의 "어떤 일을 상담하고 싶습니까?"라는 질문 항목에는 "불안 발작으로 정신과 클리닉에 다니는 중인데, 좀처럼 좋아지지 않아서 심리상담을 병행하고 싶다"고 깔끔한 글씨로 기재되어 있었다.

처음에는 (A) 끼어드는 경우의 사례를 소개한다. 여기에서

상담자는 경청의 네 가지 금기를 지키지 않고 끼어들고 있다. 앞서 이야기했듯이 네 가지 금기는 다음과 같다.

① 지지, 승인하는 말을 하며 끼어들지 않는다.

② 복창, 반복, 요약을 하지 않는다.

③ 명확화하지 않는다.

④ 설령 이해되지 않는 부분이 있어도 되묻지 않는다.

다음 사례에서 내담자는 YS, 상담자는 Co로 표기한다.

(A) 끼어드는 경우, 내담자가 이야기하는 내용은 표면적이 된다.

Co 처음 뵙겠습니다. 상담자 K입니다. 불안 발작으로 곤란을 겪고 계신다고 했지요. 어떤 상태입니까?

YS 정신과 클리닉에 다니면서 약을 받았는데, 쉽게 낫지 않아요. 발작은 2년 전부터 시작되었고, 가벼운 발작은 많을 때는 일주일에 서너 번, 심한 발작은 한 달에 한 번 정도예요. 발작이 일어날 때는 숨쉬기가 어려워지고 구역질이 나요. 무엇을 해야 할지 모르겠고 정신이 없어요. 출근하는 중에 발작이 일어나면 일단 전철에서 내려서 역 안을 걸어 다니거나 의자에 앉아서 진정될 때까지 10분 정도 기다려요. 이때는 공기가 부족한 느낌이 들어서 무서워져요. (짧은 침묵)

Co 참 힘드시겠어요. 정신과 선생님은 무슨 말씀을 하시던가요?

YS 의사 선생님은 공황장애라고 하셨어요. 약은 먹을 때는 효과가 있지만 그때뿐이고 증상이 오래되어서 심리학을 공부하는 친구에게 이야기했더니 약도 중요하지만 제대로 심리상담을 받는 편이 좋겠다고 해서 왔어요. 계기는 2년 전에 회사에서 쓰러진 일인 것 같아요. 업무 중에 심하게 어지러워서 서 있을 수가 없어서 구급차를 불렀고 그대로 입원했어요.

여러 검사를 받았지만 결국 병명을 확실히 알지 못했고, 의사 선생님은 만성 피로 상태가 이어져서 가벼운 협심증 발작을 일으켰던 것 같다고 하셨어요. 2주 동안 입원하면서 경과를 지켜봤습니다.

Co 위중한 병이 아니라서 다행이네요. 발작은 그 후부터인가요?

YS 네, 퇴원한 뒤 머지않아 출퇴근 중에 발작이 일어났어요. 일은 바쁘고 업무가 쌓이는데 제가 빠릿빠릿하게 처리를 못하니까 항상 늦어졌어요. 상사는 일을 하지 않는 사람이라 제게 일을 돌렸어요.

제가 하지 않으면 다른 사람에게 피해가 간다고 생각해서 매일 늦게까지 일을 했어요.

상사와 옆자리 동료는 시간이 되면 재빨리 퇴근했는데 저는 혼자 남는 일이 많았어요. 상사는 집에 가면서 "YS씨는 참 열심히 일하네. 힘내"라고 했어요. 지난주에는 상사가 거래처 회의에 가라고 떠밀었어요. '왜 내가 가야 해? 책임자도 아닌데'라고 생각했지만, 말은 하지 못했어요. 회의에 가서 회사에 악영향을 주는 약속이라도 하고 오면 제 탓이라고 할 것 같아서 걱정이에요. 왜 나만……. 남들이 보기에 제가 부탁하기 쉬운 성격인 건지, 무시하는 건지, 괴롭힘을 당하고 있는 건지……. (짧은 침묵)

Co YS씨는 사람이 좋아서 부탁받으면 거절하지 못하시는군요. 그건 괴로운 일이죠.

YS 네, 하지만 이상한 책임감이 있어서 해야 한다고 생각하고 열심히 해요. 저는 바쁘더라도 힘들더라도 열심히 하지 않으면 안 된다고 생각해요. 제게만 일이 오는 것이 석연치 않지만……. 일이 쌓여서 움직일 수 없고, 잠이 부족해서 출근하면 몸이 힘들고, 이제 떠나고 싶어요. 죽고 싶은 정도는 아니지만……. 지쳤어요. 빨리 죽는 날이 왔으면 하고 어렴풋이 생각한 적이 있어요. 출퇴근하는 역에서 들어오는 열차에 뛰어들 것 같은 위험한 생각이 들어 깜짝 놀란 적도 있고요. 오늘 아침에도 그런 기분이 엄습해왔어요.

Co 그건 큰일이네요. 괴로우시겠어요. 일도 계속 바쁘니 피로가 상당히 쌓였을 거예요. 주치의 선생님께 상담해서 진단서를 받아 일을 쉬면 어떨까요? 그리고 기운을 좀 되찾으면 회사 내 환경을 조정해달라고 부탁하는 거예요. 저도 힘이 되어 드릴게요. 그러니 지금은 죽고 싶은 마음이 있어도 그러지 마세요. 좋아질 테니까요.

YS 네, 감사합니다. 이번에 클리닉 선생님께 상담해볼게요. 하지만 쉬면 일이 쌓일 테고…… 주변에 피해를 줄 텐데…….

Co 그런 일은 걱정하지 않아도 돼요. 병으로 쉬는 것이니까 나머지는 회사에 맡기면 됩니다. 그렇게 하세요. 꼭 그러셔야 해요. 집에서 좀 쉬는 게 좋겠어요. 확실히 피로가 쌓였으니까요.

YS 그렇군요. 저는 역시 한심해요. 제 주장을 하지 못하고 나약해요. 일도 그렇지만, 집에서도 남편에게 짜증을 부려요. 오늘 아침에도 짜증을 내다 싸웠어요. 평소에는 둘 다 일을 해서 각자 회사에 가니까 상관없지만 주말에는 함께 있기가 힘들어요.

남편은 텔레비전을 보고, 밥을 먹고, 하루를 자기 마음대로 보내요. 둘 다 일을 하니까 밥 먹고 그릇을 치우는 일과 욕실 청소와 마당 관리는 자신이 분담해서 하겠다더니 결국 하지 않아요. 잠이 안 온다고 하면서 늦게까지 텔레비전을 보고 있어요. 그래서 또 짜증이 나요.

지금은 같은 방에서 자지만, 제가 잠이 오지 않는데 옆에서 부스럭거려서 앞으로 각방을 쓰자고 말하니, 그건 싫대요. 저를 뭐든지 돌봐주는 엄마라고 생각하는 느낌이에요. 바쁠 때도 제가 요리하는 것을 그저 기다리기만 하고 도우려고 하지 않아요. 저는 집에서도 쉴 수가 없어요.

Co 그런 남자가 있지요. 잘 알아요. YS씨, 힘드시죠. 큰일이네요. 집에서도 회사에서도 지쳐 있네요. 역시 좀 쉬셔야겠어요.

YS 네, 그렇죠. 감사합니다. 하지만 이런 일로 쉬어도 될지 모르겠어요. 다들 더 힘들어도 열심히 사는데, 저는 노력이 부족한 것 같아요. 정말 한심하죠. 이러면 안 되는데. 좀 더 제대로 해야 하는데…….

Co 그렇지 않아요. YS씨는 잘하고 있어요. 하지만 피로가 쌓여서 한계가 온 거예요. 불안장애에 더해서 우울증도 있는 게 아닐까 싶은데요. 이럴 때는 기분을 전환해서 휴식을 취할 필요가 있어요.

YS 그렇군요. 역시 쉬는 편이 좋은 건가요. 하지만 잠이 오지 않아요. 이런저런 생각이 들어서…….

Co 잠을 잘 수 있도록 약 처방도 주치의 선생님과 상담해보면 좋겠어요.

YS 네, 상담해볼게요.

Co 그러면 저도 안심이 되겠네요. 슬슬 시간이 다 되었습니다. 또 이야기하러 와주세요. 정말 힘드실 것으로 생각해요.

YS 여러 조언을 해주셔서 감사합니다. 상담해볼게요. 노력하겠습니다.

어떤가? 지극히 평범한 심리상담이라고 생각할지도 모른다. 횟수만 따지면 YS의 발언은 열 번이다. 상담자의 발언도 열 번이다. 이 대화의 느낌을 마음에 담아두고 다음 (B) 경청하는 경우를 읽고 비교해보자.

(B) 끼어들지 않고 경청하는 경우 내담자의 이야기 내용이 달라진다.

Co 처음 뵙겠습니다. 상담자 K입니다. 오늘은 어떤 상담으로 오셨습니까?

YS 정신과 클리닉에 다니면서 약을 받고 있어요. 발작은 2년 전부터 시작되었고, 가벼운 발작은 많을 때는 일주일에 서너 번, 심한 발작은 한 달에 한 번 정도예요. 발작이 일어날 때는 숨쉬기가 어려워지고 구역질이 나요. 무엇을 해야 할지 모르겠고 정신이 없어요. 출근하는 중에 발작이 일어나면 일단 전철에서 내려서 역 안을 걸어 다니거나 의자에 앉아서 진정될 때까지 10분 정도 기다려요. 이 때는 공기가 부족한 느낌이 들어서 무서워져요. (짧은 침묵)

2년 전에 거리를 걷고 있을 때 이인증(자기가 낯설게 느껴지거나 분리된 것처럼 느껴지는 상태-옮긴이)이 나타났어요. 갑자기 주변 경치가 흑백이 되고 움직임이 슬로우 모션처럼 보였어요. 그것을 제가 비스듬히 위에서 보고 있는 거예요. 이런 증상이 20, 30분 지속되었습니다. 이것이 발작과 관계가 있는지는 모르겠어요. 제 발작을 클리닉 선생님은 공황장애라고 말씀하셨고, 약도 받았어요. 약은 먹을 때는 효과가 있지만 그때뿐이고 증상이 오래되어서 심리학을 공부하는 친구에게 이야기했더니 약도 중요하지만 제대로 심리상담을 받는 편이 좋겠다고 해서 왔어요.

계기는 2년 전에 회사에서 쓰러진 일인 것 같아요. 업무 중에 심하게 어지러워서 서 있을 수가 없어서 구급차를 불렀고 그대로 입원했어요. 여러 검사를 받았지만 결국 병명을 확실히 알지 못했고, 의사 선생님은 만성 피로 상태가 이어져서 가벼운 협심증 발작을 일으켰던 것 같다고 하셨어요. 2주 동안 입원하면서 경과를 지켜봤습니다. (짧은 침묵)

입원 중에 아직 원인을 모른 채 검사를 할 때 몸이 움직이지 않고, 식욕도 없고, 가만히 침대에 누워 천장을 보고 있었어요. 사흘 동안 저는 중병에 걸려서 이제 끝이라고 생각했어요. 하지만 그때 '병에 걸려서 쓰러지니까 편하네'라는 생각이 들었어요. 이상하지만, 이것으로 끝이구나, 다행이라는 이상한 안도감이 있었어요. 퇴원한 뒤 머지않아 출퇴근 중에 발작이 일어났어요.

일은 바쁘고 업무가 쌓이는데 제가 빠릿빠릿하게 처리를 못하니까 항상 늦어졌어요. 상사는 일을 하지 않는 사람이라 제게 일을 돌렸어요. 제가 하지 않으면 다른 사람에게 피해가 간다고 생각해서 매일 늦게까지 일을 했어요. 상사와 옆자리 동료는 시간이 되면 재빨리 퇴근했는데 저는 혼자 남는 일이 많았어요. 상사는 집에 가면서 "YS씨는 참 열심히 일하네. 힘내"라고 했어요.

지난주에는 상사가 거래처 회의에 가라고 떠밀었어요. '왜 내가 가야 해? 책임자도 아닌데'라고 생각했지만, 말은 하지 못했어요. 회의에 가서 회사에 악영향을 주는 약속이라도 하고 오면 제 탓이라고 할 것 같아서 걱정이에요. 왜 나만……. 남들이 보기에 제가 부탁하기 쉬운 성격인 건지, 무시하는 건지, 괴롭힘을 당하고 있는 건지……. (침묵)

하지만 이상한 책임감이 있어서 해야 한다고 생각하고 열심히 해요. 저는 바쁘더라도 힘들더라도 열심히 하지 않으면 안 된다고 생각해요. 제게만 일이 오는 것이 석연치 않지만……. 일이 쌓여서 움직일 수 없고, 잠이 부족해서 출근하면 몸이 힘들고, 이제 떠나고 싶어요. 죽고 싶은 정도는 아니지만……. 지쳤어요. 빨리 죽는 날이 왔으면 하고 어렴풋이 생각한 적이 있어요. 출퇴근하는 역에서 들어오는 열차에 뛰어들 것 같은 위험한 생각이 들어 깜짝 놀란 적도 있고요. 오늘 아침에도 그런 기분이 엄습해왔어요.

하지만 죽고 싶다고 생각한 것은 처음이 아니에요. 예전에도 있었어요. 왜 나만 이런 생각을 하면서 살아가는지 생각해요. 그럴 때는 항상 이명이 심해요. 지금 이명은 꽤 좋아졌지만, 아직 하루의 반 정도는 있어요. 역시 피곤할 때 끽 하는 소리가 들려요.

지난주 한밤중에 문득 눈이 떠져서 갑자기 불안해졌어요. 발작이 일어나 숨이 막혀서 심장이 멈추면 어쩌나 두려워졌어요. 알고 있어요. 이 발작은 심장이나 혈압 때문이 아니라 정신적인 스트레스, 긴장 때문이라는 것을……. 하지만 혈압을 쟀어요. 혈압은 물론 정상이었습니다. 혼자서 쓴웃음을 지었어요. 그랬더니 기분이 뭔가 전환이 되어서 그때부터 잠을 잤어요.

Co 다행이네요. (YS씨가 방긋 웃었다.)

YS 일도 그렇지만, 집에서도 남편에게 짜증을 부려요. 오늘 아침에도 짜증을 내다 싸웠어요. 평소에는 둘 다 일을 해서 각자 회사에 가니까 상관없지만 주말에는 함께 있기가 힘들어요.

남편은 텔레비전을 보고, 밥을 먹고, 하루를 자기 마음대로 보내요. 둘 다 일을 하니까 밥 먹고 그릇을 치우는 일과 욕실 청소와 마당 관리는 자신이 분담해서 하겠다더니 결국 하지 않아요. 잠이 안 온다고 하면서 늦게까지 텔레비전을 보고 있어요. 그래서 또 짜증이 나요.

지금은 같은 방에서 자지만, 제가 잠이 오지 않는데 옆에서 부스럭거려서 앞으로 각방을 쓰자고 말하니, 그건 싫대요. 저를 뭐든지 돌봐주는 엄마라고 생각하는 느낌이에요. 바쁠 때도 제가 요리하는 것을 그저 기다리기만 하고 도우려고 하지 않아요. 저는 집에서도 쉴 수가 없어요.

이런 상황이 싫지만, 어쩔 수 없이 견뎌내고 있어요. 저는 원래 다른 사람에게 부탁받으면 거절하지 못하는 성격이에요. 제대로 해야 한다고 생각해요. 하지만 그러지 못해서 괴로워져요. 어릴 때부터 열심히 해야 한다고 생각해서 그래왔어요.

요즘 계속 어머니를 만나지 않았는데, 어머니는 아버지와 A시에 살고 계세요. 어머니는 시원시원한 성격이라 사소한 일에 얽매이거나 끙끙 앓지 않아요. 어릴 때는 항상 어머니에게 혼이 났어요. 겨울밤에 밖으로 쫓겨난 적도 있어요. 어머니는 아버지와 사이가 좋지 않아서 항상 싸움만 하셨어요. 어머니가 가엾다고 생각했어요. 시원시원한 삶의 방식은 어머니가 있는 힘껏 노력한 것임을 지금은 알게 되었어요.

어머니를 만나고 싶지만 이런 한심한 모습으로는 보고 싶지 않아요. 괴로워서⋯⋯ 안 돼요. 이제 여러 일로 피곤해서⋯⋯. (눈물) 제대로 살 수가 없어요. 지쳤어요. (눈물)

Co 그렇군요. 힘드셨지요. 슬슬 시간이 되었네요.

이야기를 잘 들었습니다. 어린 시절부터 집에서 참기만 하고 계속 긴장해오셨군요. 그래서 대인관계에서 제대로 해야 한다는 생각이 매우 강해서, 항상 그것이 안 되면 어쩌나 하는 불안이 있으신 거

같아요.

자신이 오랫동안 안고 온 긴장과 불안의 근원을 이해하게 되면 자연히 불안이 줄어들 거예요. 자기이해가 진행되면 자신에게 안심할 수 있게 되어 자기평가가 올라갑니다. 그렇게 되면 불안도 계속 줄어들고 불안 발작도 나을 거예요. 이제부터 천천히 여러 가지 일을 이야기하면서 기분을 정리해가죠. 괜찮으면 또 와주세요.

YS 감사합니다. 많은 이야기를 할 수 있어서 다행이에요. 굉장히 후련하고 편해진 기분이에요. 또 오겠습니다. (YS씨는 온화한 미소를 보였다.)

상대가 경청해주면 저도 모르는 자신을 발견할 수 있다

(A) 끼어드는 경우와 (B) 가만히 경청하는 경우, 두 사례를 비교해보았다. 다른 점을 강조해서 만들기는 했지만, 실제 현장에서도 이 정도의 차이가 난다.

가장 다른 점은 내담자의 만족감이다. (A) 끼어드는 경우의 사례에서 YS씨는 "여러 조언을 해주셔서 감사합니다. 상담해볼게요. 노력하겠습니다"라고 말하며 끝났다. 노력하겠다는 말 속에 내담자의 긴장이 감지된다. 노력을 끊지 못해서 공황장애가 나타나 치료하러 방문했는데, 또다시 "노력하겠습니다"라고 말할 수밖에 없다니 안타깝다.

한편 (B) 경청하는 경우의 사례에서는 "감사합니다. 많은 이야기를 할 수 있어서 다행이에요. 굉장히 후련하고 편해진 기분이에요. 또 오겠습니다"라고 말하며 끝났다. 마음의 긴장이 완화된 것을 알 수 있다.

듣는 사람이 끼어들면 말하는 사람의 내용은 상담자의 질문과 감상에 반응하는 데 그쳐서 표면적이 된다. 상담자와 내담자의 관계 속에서 내담자는 자연히 상담자의 경향에 따르도록 자신을 이야기하므로 극단적으로 말하자면 이야기하는 내용은 상담자의 흥미 범주에서 벗어나지 못한다.

한편 듣는 사람이 끼어들지 않으면 내담자가 상담자의 의향에 따르지 않고 자신의 기분을 자유롭게 이야기하게 된다. 그렇게 하면 본인도 예측하지 못한 뜻밖의 이야기를 하기도 한다.

(B)에서는 (A)에는 없었던 내용, 에피소드가 나온다. 첫 번째는 거리를 걷고 있을 때 체험한 이인증이다. YS씨는 자신이 겪은 이인증이 어딘가에서 이어지는 것처럼 생각했을지도 모른다. 평소에는 그런 생각을 한 적이 없었는데, 이야기하는 동안에 자연히 나온 것이다.

두 번째는 입원 중에 '병에 걸려서 쓰러지니까 편하네'라는 생각이 들었다는 내용이다. 상담자가 가만히 듣고 있으니 입원 중 YS씨의 인상에 가장 강하게 남은 이야기를 한 것이다. 이것도 아마 YS씨는 이야기하려고 생각하지 않았던 에피소드일 것이다.

그리고 세 번째는 집에서 자다가 한밤중에 깨어 공황발작이 일어나지는 않을까 불안을 느낀 에피소드다. 그래서 YS씨는 혈압을 쟀다고 말했다. "알고 있어요. 이 발작은 심장이나 혈압 때문이 아니라 정신적인 스트레스, 긴장 때문이라는 것을……. 하지만 혈압을 쟀어요. 혈압은 물론 정상이었습니다. 혼자서 쓴웃음을 지었어요. 그랬더니 기분이 뭔가 전환이 되어서 그때부터 잠을 잤어요"라고 말하고 있다. 즉, 마음먹기에 따라 발작이 일어나지 않은 체험이다. 쓴웃음이 기분을 바꾼 것이다. 실은 이것이 공황장애의 해결 그 자체다.

앞으로 심리상담 섹션을 지속하면 이렇게 기분을 전환하는 체험이 일상생활 속에서 정착해서 공황장애의 치료를 가져온다. 이 혈압 측정 에피소드도 (A)에서는 이야기하지 않았다. 상담자와의 질의응답 같은 대화 속에서는 절대 나오지 않은 해결의 예고다. 이상하다고 생각할 수도 있으나 심리상담의 맨 처음에 전체의 해결을 예상하게 하는 에피소드가 이야기되는 경우도 꽤 있다.

사람이 자유롭게 자신을 이야기하게 되면 마음은 자연히 더 깊은 수준으로 내려간다. 일상생활에서는 별로 돌이켜보지 않는 무의식의 수준이다. 그곳에서는 자신이 깨닫지 못하는 여러 가지 에피소드나 말이 서로 이어져 있다. 그것이 정리되고 조직화되어 마지막에는 의식으로 올라와 해결을 준비한다. 뇌의 자기 조직화가 일어나는 것이다. 경청이 그것을 촉진한다.

자신이 모르는 자신에 관해 이야기하는 것은 혼자서는 불가능하다. 이야기하기 위해 상대가 필요하다. 그것도 끼어들지 않고 가만히 들어줄 상대가 있어야 한다. 이것은 필자의 상상이지만, 좌선이나 깊은 명상은 자신이 모르는 자신을 아는 방법으로, 상대가 없이 혼자서도 가능하다고 생각한다.

경청은 자신이 모르는 자신을 발견해서 자신을 고쳐나가는 방법이다. 그 첫 번째 기술, 끼어들지 않고 그저 가만히 듣기는 심리상담에서 사람의 삶의 방식이 바뀌는 것으로 이어지는 핵심적인 기술이다.

제3장

동조하면서 듣기

– 고민의 본질을 알면 진심으로 동조하면서 들을 수 있다

01

듣는 기술은 4단계로 진행한다

듣는 기술의 4단계

이 책에서는 듣는 기술을 4단계로 나누어 설명한다. 1단계는 제2장에서 설명한 가만히 듣기였다. 제3장에서는 2단계 동조하면서 듣기를 설명하겠다.

일단 듣는 기술의 4단계를 전부 알아두자(〈표 2-1〉). 4단계는 상담자에게 듣는 기술을 가르치는 순번인데, 그것은 내담자가 회복하는 단계와도 일치한다. 내담자는 처음에 가만히 들어주는 단계에서 일상생활에서 멀어져서 자유롭게 자신을 이야기하게 된다. 자유롭게 이야기하다 보면 그 사람이 일상생활에서는 별로 말할 일이 없었던 에피소드나 사용한 적

없는 말이 튀어나온다. 가령 "잊고 있었지만, 이런 생각이 났다", "저 때 들은 말이 마음에 걸린다"부터 시작해서 "잘 표현이 안 되는데, 뭔가 납득할 수 없는 기분", "어딘가 마음이 가벼워졌지만 이유는 뚜렷하지 않다"라는 식이다. 이것은 내담자가 자유롭게 이야기하고 있다는 증거다.

2단계는 이야기 내용에 동조하면서 듣는 것이다. 상대가 동조하면서 들어주면 내담자는 '이 자리에서는 무슨 이야기를 해도 괜찮다'고 안심해서 더 자유롭게 이야기한다. 그러면 자기 내면에서 새로운 말을 잇달아 발견해간다. 다만 듣는 사람인 상담자가 동조하면서 듣기는 가만히 듣기처럼 지극히

〈표 2-1〉 듣는 기술의 4단계

듣는 기술	내용
1단계 가만히 듣기	가만히 듣기 위한 세 가지 지침과 네 가지 금기를 지키며 듣는다.
2단계 동조하면서 듣기	고민을 분류(진단)하고 내용에 동조하면서 듣는다.
3단계 감정을 듣기	감정의 계층을 의식하고 그것에 동조하면서 듣는다.
4단계 갈등을 듣기	해결할 수 없는 모순을 듣고 자기 조직화의 힘을 끌어낸다.

어렵다. 그 어려움을 이번 장에서 설명하겠다.

이어서 3단계는 감정을 듣기(제4장)다. 섬세한 감정의 움직임을 들어주면 내담자는 1단계, 2단계에서 저도 모르는 사이에 자신이 내뱉은 새로운 말의 의미를 깨닫는다. 그것이 서로 연결되어 깊게 이해할 수 있다. 말과 감정이 이어져서 고개가 끄덕여진다.

그리고 마지막 4단계 갈등을 듣기(제5장)에서는 고민을 생성하는 원천인 마음의 갈등 자체를 마주하게 된다. 사람의 모든 고민이 그곳에서 나온다는 사실을 깨달으면 내담자의 삶의 방식이 바뀌고 고민이 사라진다.

끼어드는 것은 동조하지 못하기 때문이다

상담자에게 맨 처음 가르치는 것은 1단계 가만히 듣기다. 그런데 가만히 듣기에 숙달하는 데는 1년 정도 걸린다고 했다. 나는 15년 정도 슈퍼비전을 해왔는데, 지금까지 슈퍼비전에서 1단계를 가르친 직후에 실제로 끼어들지 않고 세 가지 지침과 네 가지 금기를 실행한 상담자는 한 명도 없었다.

심술궂지만 사실 처음부터 '어차피 불가능할 텐데'라고 예상하면서 1단계를 가르친다. 그 목적은 무심코 끼어드는 것을 체험하게 하고 싶기 때문이다. 그것도 1회가 아니라 2회, 3회 체험하게 한다.

그다음 왜 끼어드는 것인지 함께 생각한다. 가만히 듣지 못하는 데는 이유가 있다. 몇 번이나 중간에 끼어드는 실패를 반복해서 검토하면 그 이유를 몇 가지 짚어낼 수 있다. 그중에서 가장 많은 이유가 내담자의 이야기에 동조하지 못하기 때문이다. 그때 2단계 동조하면서 듣기를 가르친다.

02

동조하면서 듣고 있는가?

다음에 제시하는 예시에서 그냥 듣기와 동조하면서 듣기의 차이를 살펴보자.

내담자의 삶의 방식에 반대하면 끼어들게 된다

내담자는 35세 주부 SS씨로, 매우 성실하고 내성적인 사람이다(Co는 상담자의 발언이다).

SS 아르바이트를 하고 있어요. 그곳에서 매일 네다섯 명이 점심을 함께 먹는데, 저는 그때가 괴로워요. 항상 혼자만 겉돌아서 대화에

끼지 못하거든요. 아무도 제게 말을 걸어주지 않고 어색해서 긴장이 돼요. 가능하면 혼자 밖에 나가서 공원 벤치에서라도 점심을 먹고 싶지만, 사람들과 담을 쌓을 수 없으니 함께 먹고 있어요.

이 이야기를 오래된 친구에게 했더니 "너는 항상 가만히 있으니까 말이야. 자기 이야기를 안 한다고. 주변 사람은 네가 무슨 생각을 하는지 알 수가 없어"라고 하면서 가끔은 제가 무슨 생각을 하는지 캐묻고 싶을 때도 있다고 했어요. 이 친구도 저 때문에 가끔 짜증이 난대요. (SS씨는 말없이 아래를 내려다보았다.)

Co 그렇군요. 힘드시겠어요. 하지만 그런 말을 들어도 '나는 이런 내가 좋아'라고 생각하면 어떨까요? 주변 일은 신경 쓰지 말고 나는 내 길을 간다고 생각하면 어떨까요?

SS 그렇죠. 하지만 저는 그게 불가능해요. 안 돼요.

여기서 상담자는 조언을 하고 말았다. SS씨가 말없이 아래를 내려다봤을 때 상담자는 참지 못하고 끼어들었다. SS씨는 다른 사람과 함께 점심을 먹는 것이 어색해서 괴롭다고 호소하는데, 상담자는 그런 일에 신경 쓰지 말라고 말했다. 얼핏 SS씨를 격려하는 듯하지만, SS씨의 호소를 부정하는 것이다.

즉, '다른 사람과 함께 있는 것이 어색하다'고 말하는 SS씨에게 '그런 일로 고민하지 말고 자기 길을 가면 된다'는 조언은 '그런 사소한 일로 고민하는 당신이 한심하다. 너무 자신감이 없다'는 메시지가 되는 셈이다. 결국 SS씨는 "하지만 저는 그게 불가능해요. 안 돼요"라고 대답했다. 자신의 호소가 부정당했다고 느껴서 자책하는 것이다. 이것은 경청이 아니다.

아마도 상담자는 SS씨의 호소를 듣고 괴로워졌을 것이다. '그런 일도 있지. 하지만 그런 일로 고민하면 인생을 헤쳐 나갈 수 없어. 신경 쓰지 말고 나아가는 수밖에'라고 생각했을 것이다. 하지만 이는 상담자의 의견(=인생관)이며, SS씨의 삶의 방식과 반대다. 그래서 무심코 끼어들어 조언을 하고 말았다.

상담자가 쓸데없이 끼어들었을 때 그 이유를 파고들어 보면 이 사례처럼 '내용에 동조할 수 없다'는 것이 대부분이다. 내담자의 사고방식이나 삶의 방식에 찬성할 수 없고, 듣고 있는 것이 괴롭고 짜증 나서 끼어드는 것이다.

자신이 끼어든 이유를 알고 상담자는 침울해진다. 1단계를 실행하지 못했을 뿐 아니라 실은 자신이 내담자의 이야기를 부정했으니 말이다. 이것은 경청의 가장 첫 관문이다. 관문에 부딪히는 일은 중요하다. 관문이 있으면 듣는 힘은 깊어진다. 이것에 대해서는 나중에 또 설명하겠다. 그 전에 만약 상담자가 SS씨의 호소를 동조하면서 들었다면 어떻게 반응했을지 살펴보자.

동조하는 기분은 상대에게 전달된다

다음은 같은 상황에서 하는 대화다.

SS 아르바이트를 하고 있어요. 그곳에서 매일 네다섯 명이 점심을 함께 먹는데, 저는 그때가 괴로워요. 항상 혼자만 겉돌아서 대화에 끼지 못하거든요. 아무도 제게 말을 걸어주지 않고 어색해서 긴장이 돼요. 가능하면 혼자 밖에 나가서 공원 벤치에서라도 점심을 먹고 싶지만, 사람들과 담을 쌓을 수 없으니 함께 먹고 있어요.

이 이야기를 오래된 친구에게 했더니 "너는 항상 가만히 있으니까 말이야. 자기 이야기를 안 한다고. 주변 사람은 네가 무슨 생각을 하는지 알 수가 없어"라고 하면서 가끔은 제가 무슨 생각을 하는지 캐묻고 싶을 때도 있다고 했어요. 이 친구도 저 때문에 가끔 짜증이 난대요. (SS씨는 말없이 아래를 내려다보았다.)

Co 그렇습니까. (속마음: 나도 비슷하게 어색했던 경험이 있어요.)

SS 친구의 말을 듣고 생각해봤어요. 왜 나는 항상 수동적이고 가만히 있는 것일까? 생각해보니 저는 예전부터 계속 그랬어요.

물론 상담자는 '나도 비슷하게 어색했던 경험이 있어요'라는 속마음을 입 밖에 내지 않았다. 그러나 이 기분은 암묵적으로 SS씨에게 전해져서 '내 마음을 알아주었다=동조해주었다'고 느낄 것이다.

중요한 것은 상담자에게 동조 받은 SS씨가 자신의 고민을 정면으로 마주하기 시작했다는 것이다. "왜 나는 항상 수동적이고 가만히 있는 것일까?"라고 말하기 시작했기 때문이다. 아마도 수동적인 삶의 방식은 SS씨가 오랫동안 안고 온 고민의 핵심일 것이다. 이렇게 심리상담이 진전되었다. 반면에 동조 받지 못한 SS씨는 자책하게 되어 심리상담이 깊은 수준에 도달하지 못했다. 그러면 상담자의 첫 관문으로 돌아가 보자.

끼어들었다면 어떻게 해야 하는가?

가만히 듣지 못하고 끼어든 것이 상대에게 동조하지 못해서 그렇다는 사실을 깨달은 상담자는 심하게 낙담한다. 자신은 전문가로서 실격이라는 생각까지 한다. 나는 낙담한 모습을 보고 '됐어. 괜찮아. 그 정도로 낙담한다면 전문가로서 성장할 거야. 힘내!'라고 마음속으로 응원한다. 물론 그 말을 입 밖으로 꺼내지는 않는다. 낙담한 상담자에게 나는 이런 문제 대처법을 가르친다.

> ① 대증요법은 낙담하고 포기하는 것. 그리고 듣지 못하게 된 순간을 자각하는 것.
>
> ② 근본요법은 고민의 본질을 분류하는 것. 그리고 해결책을 예상하는 것.

대처법 1.
듣는 것을 포기한다

포기한다는 것은 '아, 나는 경청할 수 없어. 형편없는 상담자야'라고 침울해진 채 내담자의 이야기를 듣는 것이다. 대증요법이라고 썼지만 중요한 기술이니 꼭 마스터하기 바란다. 상담자가 여러 이야기에 항상 동조하면서 듣는다고 단정할 수 없기 때문이다. 그럴 때 이 기술을 마스터하고 있으면 자신이 들을 수 없게 된 순간을 수용하게 된다. '아, 이 이야기는 듣기 괴로워. 따라갈 수 없어. 안 돼'라고 자각해서 무언가 하고 싶은 말이 생겨도 '정신 차리고 가만히 있자'라고 생각할 수 있기 때문이다. 그렇게 생각할 수 있으면 상담자로서 합격이다.

포기하는 기술을 마스터하면 내담자에게 동정심이 든 나머지 마음이 기울어질 때도 그것을 자각하게 된다. 이야기에 지나치게 동조해도 끼어들게 된다. "그래요. 그 기분 잘 알아요"라고 말하고 싶어지는 것이다. 동조할 수 없든, 지나치게 동조하든 냉정한 기분으로 듣지 못하게 된 자신을 자각해서

'경청할 수 없어'라고 생각하는 것은 포기하는 기술을 알고 있기 때문이다.

불평을 다 쏟아내면 마음이 편해진다

심리상담을 할 때마다 새로운 발견을 해서 앞으로 나아갈 수는 없다. 어느 시기에 내담자의 마음이 움직임을 멈추고 계속 불평을 늘어놓는 때가 있다. 상담자는 그때도 경청할 수 있는지 아닌지를 시험당한다.

포기할 수 있다면 상담자는 불평을 들을 수 있다. 그렇다면 내담자는 불평을 다 쏟아낼 수 있는 것이다. 불평을 늘어놓는 것은 해도 소용없는 말을 몇 번씩 반복해서 말하며 한탄하는 일이다. 아무 생산성도 없는 어리석은 행위 같지만, 경청이라는 시점에서 생각하면 그런 것은 없다. 불평도 다 털어놓으면 후련해지고, 다 털어놓고 나면 사람이 바뀐다. 물론 그것을 다 들어줄 사람이 필요하다.

사례를 들어 생각해보자. 내담자는 38세 남성 KB씨로, 혼자 사는 회사원이다. 그가 어느 날 진행한 심리상담을 예로 들어보겠다. 그는 머리를 푹 숙인 채 접수처에 인사도 하지 않고 예약 카드를 내민 뒤, 대기실에 앉았다. 시간이 되어 상담실에 들어온 뒤에는 잠시 아래를 보며 가만히 있다가 다음과 같이 이야기를 시작했다.

KB 역시 기분이 우울해요. 매일 너무 괴롭습니다. 제대로 되는 일이 하나도 없어요. 어떻게든 극복해보려 해도 좋은 일이 없네요. 회사 일도 완전히 엉망이에요. 한직으로 밀려난 사람이나 할 것 같은 재고관리 부서에 있거든요. 그 부서의 상사는 업무에 대해 전혀 몰라요. 그런데 그러면 안 되잖아요. 재고관리 방법을 바꾸는 편이 좋겠다고 제안했는데, 지금까지 해온 방식이 있다고 말하더군요. 완전히 비효율적이에요.

이전에도 새로운 관리 방법을 제안한 적이 있는데, 관심도 없더군요. 이런 회사는 미래가 없어요. 저도 너무 힘들어서 포기하고 싶지만, 그러면 생활이 안 되니까 매일 출근하는 수밖에 없어요. 하지만 별로 의미가 없다고 생각해요. 물론 일 처리는 하고 있지만, 이런 일을 해봤자 무슨 의미가 있나 싶은 적이 많아요.

창고의 재고관리는 동료와 둘이서 해요. 사실 할 일이 별로 없어서 한가하고, 그래서 의욕이 없어져요. 그 동료는 게으름을 피우면서 스마트폰을 봐요. "이봐, 빨리해!"라고 말하면 일을 하는 듯하다가도 나중에 보면 어느새 스마트폰을 또 보고 있어요. 그러다가 물품이 제대로 수급되지 않으면 영업부에서 불평을 듣는 건 저예요. 제가 부서의 책임자도 아닌데 그래요. 상사에게 동료가 게으름을 피우고 일을 안 한다고 호소해도 "알았어, 알겠다고. 그 녀석은 둔해서 그래"라면서 저를 이해해주는 척만 해요.

그런데 제 인사 평가를 그 상사가 내려요. 심하지 않나요? 결국 전표가 오면 누군가는 해야 하니까 제가 처리하게 돼요. 전표도 전산화하면 실수가 없어져서 빠른데 그렇게 하지 않아요. "죄송합니다만 이거 좀 빨리 해주세요"라고 들으면 "네, 네. 알겠습니다"라고 제가 머리를 숙이고 웃으면서 대답해요.

한가한 직장인데 정시에 일이 끝나는 것은 드물어서 결국 매일 1시간 정도 늦게 퇴근해요. 오후에 시간이 날 때 처리해두면 좋겠지만, 그때는 의욕이 없고 침울해서 하지 않게 돼요.

집에 돌아가면 피곤해서 뻗어요. 목부터 어깨가 뭉쳐서 아파요. 두

통도 심해졌어요. 마사지를 받으러 갔더니 "심하네요. 몸이 완전히 굳었어요"라면서 "편안하게 목욕을 하면 몸이 풀려서 통증이 가실 거예요"라고 가르쳐주셨어요. 하지만 몸이 풀리지 않네요. 목부터 어깨까지 항상 뭉쳐 있어요. 간신히 잠은 자는데, 아침에 가장 힘들어요. 일어날 때가 몸이 제일 아프거든요. 일을 하러 가야 한다고 생각해도 마음이 무거워서 움직일 수가 없어요. 아침에는 기분이 안 좋아서 입맛도 없으니 그냥 출근해요.

선생님께서는 제가 이렇게 된 것이 "자신에게 엄격할 수밖에 없는 가정환경에서 자라왔기 때문에 지나치게 성실한 탓이다"라고 말씀하셨는데, 그렇다고 해도 지금 와서 과거 이야기를 한들 무슨 소용이 있나요? 솔직히 그런 가정에서 자라지 않았으면 어땠을까 싶어도 어쩔 수 없죠. 지금 와서……. 그렇게 생각하니 괴롭네요. 기분이 계속 우울해요. 내가 왜 이런 일을 하나 싶어요.

이런 이야기가 30~40분이나 질질 이어졌다. 이 내담자는 한 달에 한 번씩 방문하고 있는데, 최근 몇 달 동안 매번 내용이 같아서 진전이 없었다. 그러나 심리상담이 끝나고 돌아가는 KB씨의 얼굴을 보면 어느 정도 긴장이 풀린 듯했다. 왔을 때는 전혀 말이 없던 사람이 돌아가는 길에는 접수처에서 예약을 잡으며 사무직원과 즐겁게 이야기를 나누기도 했다. 뭉친 어깨도 조금은 부드러워졌을지도 모른다. 사람은 불평을 다 쏟아내면 마음이 편해지는 법이다.

03

동조할 수 없을 때는 고민을 분류한다

대처법 2. 고민의 본질을 분류한다

그렇다고 해도 매번 이런 내용을 듣고 있기는 싫을 것이다. 상담자도 결국은 짜증이 난다. 처음에는 참을 수 있어도 언제 어딘가에서 끼어들지 모른다. 그럴 때 듣는 방법의 본질적인 해결책은 제2의 대처법인 ② 근본요법이다.

여기에서는 고민의 본질을 분류한다. 불평을 계속 늘어놓는 KB씨의 고민의 본질이 무엇인지 분석하고 그 해결법을 예측해본다. 그러면 상담자는 불평을 늘어놓는 시기가 내담자에게는 중요한 시간임을 이해할 수 있다.

참고로 KB씨는 앞서 이야기한 상담 후 반년간 불평을 쏟아냈다. 그리고 약 반년 후에 상담자에게 다음과 같은 일을 알려왔다. 어느새 불평의 방류가 끝난 것이다.

불평을 다 쏟아낸 내담자의 변화

KB 저는 항상 불평만 하면서 살아왔어요. 하지만 실제로는 아무에게도 불평하지 못하고 저 혼자 불만을 잔뜩 안고 있었죠. 그것을 알게 되었습니다. 여기에 와서 선생님이 제 이야기를 들어주시니 제가 쌓아온 불만을 알게 되었어요.

불만이 쌓이고 쌓여도 누구에게도 말하지 못하니까 그것이 막혀서 몸은 항상 붓고, 목과 어깨, 몸 전체가 뭉친 거예요. 이거 웃기죠. 제 모습을 보고 웃음이 나니까 뭉친 어깨가 편해졌어요.

선생님이 언젠가 설명해주신 대로 어린 시절부터 아버지가 제 목덜미를 잡았기 때문인가 봐요. 목과 어깨가 뭉치고, 불만은 가득하고, 몸이 붓고……. 하지만 말하지 못하고 참다가 또 뭉쳤어요. 허허. 간단한 재고관리 프로그램을 만들어 상사에게 사용해도 되겠

냐고 허가를 받아서 사용하기 시작했어요.

그러니까 업무가 편해지고 재밌어졌어요. 스마트폰만 만지작거리던 동료도 재고관리 프로그램을 어떻게 만들었는지 물어봐요. 스스로 공부하라고 말하고 스마트폰으로 공부하는 방법을 가르쳐주었더니 오히려 스마트폰을 보는 시간이 늘어났지만요.

경청이 제대로 되려면 내담자의 고민을 이해해야 한다. 내담자의 고민의 본질은 무엇인지, 그것을 해결하는 단계 중에서 지금 어디에 있는지 이해하는 것이다. 만약 KB씨가 불평만 늘어놓기 시작했을 때 KB씨의 고민의 본질, 즉 아버지와의 관계에서 어린 시절부터 감정을 참아왔음을 이해했다면 몇 개월 후 KB씨의 문제 해결이 예상되었을 것이다.

그러면 상담자는 불평을 끝까지 들어주는 것이 즐거워진다. '좋아. 오늘도 불평이구나. 힘내! 불평을 실컷 말해서 쌓아둔 불만을 전부 털어놔!'라는 식으로 생각하면서 경청할 수 있다.

경청과 고민의 이해는 떼려야 뗄 수 없는 관계다. 내담자의 고민을 이해할 수 없으면 경청은 그저 인내가 되어 상담자도 괴로워진다. 반면에 고민의 본질을 이해할 수 있으면 경청은 즐거워지고 흥미진진해진다. 그러면 더 깊은 수준에서 경청할 수 있고, 내담자의 고민도 더 깊은 수준에서 이해할 수 있게 된다.

04

인생의 고민을 네 가지로 분류한다

고민의 해결책을 예측한다

앞에서 설명했듯이 내담자의 이야기를 듣지 못하게 되는 이유는 그 이야기에 동조하지 못하기 때문이며, 그것은 말하는 고민의 해결책이 보이지 않기 때문이다.

영화나 드라마는 그것이 액션이든 로맨스든 혹은 심각한 사회 주제든 주인공이나 해설자가 고민을 제시하고 마지막에는 해결된다. 앞으로 어떻게 해결되는지 시청자는 대개 예측이 가능하다. 참고 참다가 마지막에 단숨에 역전되거나 해피엔딩으로 끝나는 것이 일반적인데, 그렇기에 도중에 어떤 괴로운 상황이 있어도 오락으로 즐길 수 있다.

심리상담도 마찬가지다. 고민이 해결되어가는 과정을 예측할 수 있다면 상담자는 짜증 내지 않고 차분하게 내담자의 이야기를 경청할 수 있다. 고민을 이해하고 그 해결을 예측하는 것이 내담자의 이야기에 동조하면서 듣기 위한 필수조건이다.

그러기 위해서는 고민을 제대로 분류해서 각각 어떤 해결책이 있는지를 알아야 한다. 고민의 종류와 해결책의 패턴은 드라마, 연극, 영화, 소설에서 무수하게 표현되는데, 마음의 본질적인 움직임으로 그것을 보면 분류가 가능하다. 사람의 고민은 크게 네 가지로 분류할 수 있다.

고민의 네 가지 분류

1. 사람이 무섭다.
2. 자신을 책망한다.
3. 다른 사람과 제대로 어울리지 못한다.
4. 죽는 것이 두렵다.

사람의 고민을 크게 분류하면 앞서 이야기한 네 가지로 나눌 수 있다. 그리고 이 네 가지 고민에는 공통된 구조가 있다. 즉, 사람이 고민할 때는 반드시 다음과 같은 구조를 보인다는 것이다.

A. 이렇게 하고 싶다, 이렇게 해야 한다.

B. 그럴 수 없어서 몹시 괴롭다.

A는 이상적인 삶의 방식, 원하는 삶의 방식을 의미한다. 그리고 B는 실제 생활 속에서 그럴 수 없어서 괴로운 기분을 의미한다. A와 B의 대립 구조가 사람이 하는 고민의 본질이라고 할 수 있다.

〈표 3〉에 고민의 네 가지 분류와 구조(A와 B)를 정리했다. X에는 해결 방법, 즉 해결의 힌트(예상)를, Y에는 고민이 심각해졌을 때 생기는 병과 문제를 적었다. 이제 네 가지 고민을 순서대로 설명하겠다.

〈표 3〉 고민의 네 가지 분류

	A 원하는 삶의 방식/ 이상적인 모습	B A가 되지 않았을 때의 감정과 고민	X 과제와 해결 방법	Y 고민이 심각해졌을 때의 병과 문제
1. 사람과 사회가 무섭다. **(만성 불안, 긴장)**	다른 사람과 사이좋게 지낸다.	모든 사람과 사회가 무섭다./과도하게 긴장해서 피곤하다.	사람을 믿을 수 있도록 한다.	반응성 애착장애/사회불안/은둔형 외톨이/반복성 우울증
2. 자신을 책망한다. **(자책감과 우울)**	긍정적인 기분으로 열심히 산다.	열심히 살아야 하는데 노력할 수 없어 침울하다./우울/짜증	지나치게 성실한 삶의 방식을 조금 완화해서 자기 평가를 높인다.	성인기의 우울증/공황장애
3. 다른 사람과 제대로 어울리지 못한다. **(대인관계)**	부모, 자식, 타인과 양호한 관계를 유지한다.	다른 사람과 잘 지내지 못한다./어떻게 행동하면 좋을지 모르고 긴장한다.	속마음을 말하고, 다른 사람에게 기댄다.	부부의 대립/육아 문제/아이의 등교 거부, 은둔형 외톨이
4. 죽는 것이 두렵다.	살아 있는 것의 행복/존재감	죽음, 고독이 두렵다./살아 있는 의미가 없다.	살아가는 의미를 생각한다./인생 전체의 상대화	PTSD(외상 후 스트레스 장애)/비애반응/철학이나 종교 문제

고민 1.
사람이 무섭다는 고민

다른 사람과 사이좋게 지내고 싶다, 다른 사람에게 인정받고 싶다는 것은 누구나 바라는 일이다. 혹은 인생이 그렇게 되고 싶다는 것은 공통의 소망이며, 모두가 서로 합의한 삶의 방식(규범)이다.

그러나 이 소망이 이루어지지 못하고 다른 사람이나 사회가 두려워지는 것이 '사람이 무섭다'라는 고민이다. 상대가 친구든, 후배나 상사든, 연인이든, 혹은 어린아이라고 해도 긴장한다. "어린아이는 무엇을 할지 예상이 되지 않아서 가장 무섭다"고 말한 사람도 있었다. 35세의 회사원이며 독신인 여성 EE씨의 사례를 보자.

EE 불안해요. 항상 누군가와 함께 있어야 한다고 생각하지만, 그 상대에게도 신경을 쓰게 돼요. 저는 회사 일이 끝나면 친구 N과 함께 항상 헬스장에 가는데, 어제는 N이 사정이 있어서 쉬겠다고 했어요. 혼자 가면 주눅이 들 것 같아서 저도 쉬고 말았어요. 혹시 N도 나를 미워하면 어쩌나 불안해졌어요.

헬스장에서 운동할 때 짝을 지어서 하는 시간이 있어요. 저는 다른 사람과 짝이 되는 게 정말 싫어요. 긴장이 되니까요. 다른 사람과 말을 섞지 않는 것은 별로 좋은 일은 아니지만, 피할 수 있다면 피하고 싶어요. 생각해보면 항상 누군가가 지켜주기를 바라고, 누군가의 뒤에 숨어서 눈에 띄지 않도록 사는 인생이었네요.

저는 유치원생 아이가 불편해요. N은 유치원 선생님이에요. 전에 친구의 직장에 간 적이 있는데, 아이들이 가까이 다가오니까 어떻게 해야 할지 몰라서 긴장했어요. 그 뒤로 밖에서 다른 사람과 식사를 하는 것이 불편해요. 특히 거래처 사람과 업무차 만나 점심을 먹는 게 두려워요. 이상하게 긴장해서 음식이 잘 넘어가지 않지만, 업무니까 억지로 삼켜요. 그래서 점심이 끝나면 항상 설사를 해요. 내과에서 과민성 장증후군이라고 진단받았어요.

이 이야기를 듣고 고민의 분류를 모르는 상담자는 '35세나 된 성인이 혼자 헬스장도 못 가고, 다른 사람과 밥도 못 먹고, 아이도 달래지 못하는구나, 칠칠치 못하게'라고 생각할 수도 있다.

그러나 고민의 분류를 아는 상담자는 '사람과 사회가 무섭다(만성 불안, 긴장)'로 분류되는 고민이라고 이해한다. 이 고민으로 분류된 사람은 어린 시절부터 괴로운 경험을 해서 만성적으로 긴장하는 사람이다. 가령 태어난 직후에 어머니를 잃고 양자로 보내졌거나 보육시설에서 자랐거나 어렸을 때 학대를 당했을 수도 있다. 그렇게 이해하면 EE씨의 고민에 가까이 다가가 동조하면서 듣게 될 것이다.

다른 예를 들어보자. 이번에는 초등학교 2학년 여자아이 FF다. FF는 학교에 가기 싫다고 엄마에게 떼를 썼다. 엄마는 "무슨 말을 하는 거야. 바보 같은 소리 하지 말고 학교에 잘 다녀야지!"라고 엄하게 꾸짖었다. 잠시 뒤 FF는 입을 다물고 터벅터벅 학교를 향해 걸어갔다. 엄마가 무서워서 응석을 부릴 수 없는 모양이었다. FF는 학교라는 사회에 들어가는 것에 대해 심하게 긴장하고 있었다. 동급생이나 선생님이 무서운 것이다.

35세의 여성 회사원 EE씨와 초등학교 2학년 여자아이 FF의 고민은 똑같다. 모든 사람을 무서워하고 있다. 이것은 일반적으로 애착장애라고 부르는데, 정확하게는 반응성 애착장애, 탈억제 사회관여장애라고 진단된다. 이것은 본래 아이에게 내려지는 진단명이지만, 35세의 여성에게도 해당된다.

아마 EE씨도 어린 시절에는 FF와 같은 경우였을 것이다. 이 고민을 해결하려면 두 사람 모두 사람에 대한 애착관계(존 볼비)와 기본적 신뢰(에릭 에릭슨), 완전한 자신을 칭찬해주었으면 하는 욕구(거울전이, 하인즈 코헛)를 되찾아야 한다.

초등학교 2학년생은 '선생님은 무섭지 않고, 이야기하면 알아주는 사람이다. 세상에는 상냥한 사람도 있다'는 것을 체험하면 좋다. 35세의 회사원은 '나는 어릴 때부터 늘 고독하고 사람이 무서웠어. 다른 사람이 알아주기를 바랐는데'라고 자기이해가 진행되면 해결의 방향을 잡을 수 있다.

고민 2.
자신을 책망하는 고민

자신을 책망하는 고민은 '좀 더 열심히 해야 하는데 노력할 수가 없어. 나는 형편없어'라고 침울해지는 것이다. 이것은 사람들이 가장 많이 고민하는 부분이다. '사람과 사회가 무섭다'로 고민하는 사람은 많지 않지만 상태가 심각한 반면에 '자신을 책망한다'의 고민은 사소한 것까지 포함하면 대다수가 안고 있을 것이다.

매일 열심히 일하는 사람, 열심히 아이를 키우는 사람, 열심히 살아가는 사람은 모두 이 고민을 안고 있다. 보통은 고만고만한 고민이므로 자신을 질타하고 격려하는 것은 노력의 에너지로 전환된다. 하루의 마지막에 '충분하지는 않았지만, 오늘도 열심히 했어'라고 생각할 정도가 딱 좋을지도 모른다.

그러나 자책감이 심해지면 점차 기분이 어두워지고 자신감을 잃으며 기력도 쇠해서 마지막에는 우울증에 걸린다. 그렇게 되면 전문가의 치료를 받아야 한다. 우울증은 정신적인 피로가 원인이므로 충분히 휴식해야 하지만, 강하게 자신을 책망하는 상태라면 우울증에 걸려도 쉽게 쉬지 못한다. 이것이 우울증의 괴로움이다.

해결책은 자신을 허용하는 것이다. 자신의 고지식한 삶의 방식을 느슨하게 풀어주고, 조금 칠칠치 못한 사람이 되어 본다. 이것은 자신에 대한 평가 기준을 바꿔 자기평가를 높이는 일이기도 하다. 그러나 실제로 하기 쉽지는 않다. 천천히 고민을 털어놓다 보면 자기평가를 높이는 힌트를 찾을 것이다.

고민 3.
다른 사람과 제대로 어울리지 못하는 고민

이것은 '사람과 사회가 무섭다(불안, 긴장)'와 비슷하지만, 다른 고민이다. 극단적으로 말하자면 '사람과 사회가 무섭다'는 모든 사람이 무서워서 학교나 사회에 들어가지 못하는 상태다. 이런 사람은 등교를 거부하거나 은둔형 외톨이가 되기도 하고, 노력해서 사회에 들어가도 항상 과도한 긴장을 안고 아슬아슬하게 살아간다.

'다른 사람과 제대로 어울리지 못한다'고 고민하는 사람은 학교나 회사에 다니며 생활도 표면적으로는 안정되어 있다. 매일 즐거움도 느낀다. 하지만 다른 사람과의 관계가 안정되지 못하고 항상 마음속이 삐걱거린다.

업무상 거래처 사람과 점심을 먹은 뒤 무엇을 먹었는지 떠올리지 못하고 식사 후에 설사를 하는 것은 '사람과 사회가 무섭다'는 상태다. 반면에 식사 후 음식은 맛있었지만 상대와의 대화가 제대로 되었는지 고민하는 사람은 '다른 사람과 제대로 어울리지 못한다'는 상태다.

표면적으로는 사회에 제대로 적응하고 있으므로 정신과를 방문하거나 심리상담을 받는 일은 거의 없다. 그러나 일상 대화 속에서 고민으로 자주 언급된다. 고민을 중증도로 나누면 '사람이 무섭다 〉 자신을 책망한다 〉 다른 사람과 제대로 어울리지 못한다'의 순서가 될 것이다.

다만 이 고민을 안고 있으면 가정 내에서 큰 문제가 발생할 수도 있다. 부부간의 불화나 이혼, 나아가 아이에게 영향을 미치면 육아 문제(등교 거부, 은둔형 외톨이, 가정폭력)가 생긴다. 나는 아이의 등교 거부나 은둔형 외톨이, 가정폭력 문제로 상담하는 경우 부모가 다른 사람과 제대로 어울리지 못하는 고민을 해결하는 일로 치료한다.

이제 사례를 제시해보겠다. 회사의 여직원 모임에서 A씨와 B씨가 대화하고 있다. 상사인 G부장에 대한 대화다. 대화 도

중 C씨가 끼어들었다.

A G부장님은 회사에서 성실하고 유능하고 점잖은 사람이지만, 술만 들어가면 사람이 변하잖아. 완전히 말이 많아져.

B 맞아. 갑자기 잘난 척을 하면서 자기 의견을 말하잖아. 듣고 있으면 항상 성실하고 말이 없는 사람이 이런 생각을 하고 있었나 싶어서 깜짝 놀란다니까. 얼마 전에도 요즘에 인기 있는 아이돌 그룹에 대해 이야기하더라고. 아주 자세히……. 나는 이런 것도 알고 있다는 식으로 잘난 척하느라 바쁘더라. 평소 G부장님과는 다른 모습이야.

A 그 사람을 잘 모르면 그렇게 변하는 모습에 깜짝 놀라잖아. 뭔가 가정 문제처럼 말 못할 고민이 있는지도 몰라.

C 맞아. 하지만 본인은 꽤 신경 쓰고 있던데? 작년에 송년회가 끝나고 회사에서 "내가 너무 과음을 했나? 너무 말을 많이 했나?"라고 자꾸 물어보시는 게 평상시와 달랐어. 그때부터 상당히 우울해 보이던데. 술을 마시면 말투가 "나는 말이야, 나는 말이야"라고 하는 게 꼭 아이 같아서 좀 귀엽기도 하고.

B 그런가? 나는 나이 먹고 왜 저러나 싶은데.

G씨는 성실하고 유능한 상사로 업무상으로는 신뢰를 받는 듯하지만, 사람을 사귀는 데 조금 문제가 있어 보인다. 술을 마신 다음 날에 "과음해서 말을 너무 많이 했구나. 실수했어. 우쭐해져서는……"이라고 상당히 괴로워하는 모습을 보이기 때문이다.

이것이 다른 사람과 제대로 어울리지 못하는 고민이다. 해결하려면 G씨가 직장에서 좀 더 솔직해져서 자기 내면의 어린아이 같은 속마음을 솔직히 드러내야 한다. 예를 들어 "아, 이건 실수. 사장님에게 들키면 감봉이니까 넘어가 줘"라는 식으로 우스꽝스러운 말을 하는 상황이 있으면 좋다. 그렇게 하면 평상시 회사에서의 모습과 술자리에서의 모습에 차이가 없어져서 부하 직원들에게도 좀 더 신뢰받고 사랑받는 상사가 될 것이다.

교류 분석(어떤 자아 상태에서 인간관계가 교류되는지 분석해서 자기 통제를 돕는 심리요법-옮긴이)의 에고그램(사람의 성향을 다섯 가지로 구분해서 쉽게 분석할 수 있게 한 것-옮긴이) 용어로 설명하자면, 어떤 사람이든 가지고 있는 어린 속마음의 부분, 자유롭게 노는 마음인 프리 차일드FC, Free Child의 부분을 좀 더 사용하면 된다. G씨는 성실한 어른의 부분인 어덜트A, Adult가 지나치게 강해서 어린아이가 될 수 없는 것이다.

G씨 같은 사람은 가정에서 아이에게 일방적으로 대하거나 엄하게 대하기도 하므로 아이에게 긴장감을 준다. 이것이 심각해지면 앞에서 설명했듯이 등교 거부나 비행의 문제가 발생할 수도 있다. 여성 사원 A씨가 말했듯이 "(G부장은) 뭔가 가정 문제처럼 말 못할 고민이 있는지도 몰라"라는 의견은 날카로운 지적일지도 모른다.

G씨는 누군가 자신의 이야기를 들어주면 A(성실한 어른)와 FC(자유로운 어린아이)의 균형을 맞출 가능성이 있다.

고민 4.
죽는 것이 두렵다는 고민

이는 누구나 안고 있는 고민이다. 그러나 이것이 일상생활 속에서 문제가 되는 일은 일단 없다. 생활 속에서 (대개의 경우) 우리는 죽음을 잊고 있기 때문이다. 문제는 암에 걸려 시

한부를 선고받았거나 소중한 사람을 잃었을 때(비애반응), 큰 재해나 사건을 만나 죽음의 공포에 직면한 뒤(PTSD, 외상 후 스트레스 장애)에 생긴다. 또한 나이를 먹어 죽음이 가까워졌을 때도 이 문제가 의식에 오르는데, 이 고민은 조용히 찾아온다.

갑작스러운 사건으로 소중한 동반자를 잃은 사람이 그 고통과 슬픔을 이야기한다면 우리는 끼어들지 않고 조용히 다 들을 수 있을 것이다. 심각한 문제임을 충분히 이해하기 때문이다. 이 고민에 동조하지 않는 사람은 없을 것이다.

05

고민을 네 가지로 분류할 수 있다면 사건을 예감하게 된다

고민은 네 가지 중 하나

일상생활 속에서는 두 가지 이상의 고민이 서로 겹치는 일도 있지만, 그 고민을 깊이 파고들면 네 가지 중 어느 한 가지가 된다. 고민 1과 고민 3이 표면적으로는 비슷하게 보여도 실제로는 다른 고민인 것처럼 깊은 수준에서 네 가지 고민에 중복은 없다. 만약 지금 자신이 깊이 괴로워하는 고민이 있다면 그것은 앞에서 언급한 고민 중 어느 한 가지로 분류된다.

몇 달 동안 업무에 대한 불만과 컨디션 불량을 토로했던 KB씨(81쪽)의 경우 다른 사람과 제대로 어울리지 못하는(대인관계로 삐걱거린다) 것이 고민이었다. 특히 아버지와의 문제를 질질 끌고 있었다. 그다음 그의 불평의 내용을 보면 상사=아버지, 회사=아버지가 겹쳐진다.

상사나 회사의 업무 방식이 불만스럽고 자기가 옳다고 생각하면서도 상사가 업무를 지시하면 머리를 숙이고 웃으면서 대답한다고 하는 KB씨는 아마 어린 시절부터 아버지의 불합리한 요구에 참고 따랐을 것이다. 가족 문제, 특히 부자관계의 상처를 질질 끌어왔다.

그가 불평을 늘어놓을 때 상담자가 고민을 분류해서 다른 사람과 제대로 어울리지 못하는 문제, 특히 아버지와의 관계에 문제가 있다고 추측했다면 경청하기가 편해졌을 것이다. 그뿐 아니라 불평이 어떻게 변화하는지 그 경과가 기대되었을 것이다. 이것이 동조하면서 듣는 일이다.

다른 사람과 제대로 어울리지 못하는 고민의 구체적인 해결책은 KB씨의 경우 간단한 재고관리 프로그램을 만들어 상사에게 제안하는 일이었지만, 그것은 그때까지 살아온 KB씨의 삶의 방식과 대인관계에서 생각한다면 예상할 수 없는 일이었다.

그런 의미에서 해결에 이르는 갑작스러운 사건이 일어난

것이다. 어린 시절부터 계속 아버지 말만 들었던 아이가 상사(=아버지)에게 업무 제안을 해서 받아들여졌다. 이것은 KB씨에게 인생을 바꿀 만큼 커다란 사건이다.

해결의 계기가 되는 사건이 반드시 일어난다

상담자는 고민을 분류할 수 있어도 고민을 해결로 이끄는 구체적인 사건까지는 예측할 수 없다. 그러나 심리상담이 진행되어 마음이 정리되면 어떤 일이 일어날 것 같다고 기대할 수는 있다. 실제로 심리상담의 어느 국면에서 반드시 어떤 사건이 일어난다.

고민은 체계적이다. 마음이 정밀하게 조직화되어 있기 때문이다. 따라서 마음의 깊은 수준까지 듣게 되면 자연히 동조하게 되고, 동조하면서 들으면 더 깊은 수준의 이야기가 나온다. 이것은 자연히 새로운 마음의 조직화를 만든다. 이렇게 자기 조직화하는 힘이 사건을 일으킨다.

고민을 분류할 수 있으면 KB씨의 가족관계 전체로 이해가 확장된다. 아버지는 항상 그에게 엄한 태도를 보였고, 일방적으로 아이를 대하는 사람이었다. 아마 KB씨의 아버지는 다른 사람과 제대로 어울리지 못하는 고민을 안고 있었으리라 추측할 수 있다. 또 아버지가 KB씨에게 엄하게 대할 때 어머니는 어떤 태도를 보였는지, KB씨의 편이 되어주었는지, 위로해주었는지, 아버지에게 충고했는지, 혹은 아무 말도 하지 않았는지 매우 궁금해진다. 그의 일터인 재고관리 현장에는 여성이 없는 듯한데, 만약 주변에 여성이 있다면 그 여성에 대해 그가 느끼는 기분을 통해(=감정을 듣기) 어머니와의 관계를 추측할 수 있다.

앞으로 KB씨가 스스로 그것을 이야기하면 그를 낳고 키운 가족(원가족) 전체가 지닌 고민의 심리적 배치Constellation가 보일 것이다. 고민은 가족 구성원 사이에서도 서로 이어져 있다. 마찬가지로 세대 간의 연결이 보이기도 한다.

06

동조하면서 듣기와 응원하면서 듣기의 차이

고민의 분류표에 따라 간단한 예를 검토해보자. 동시에 이야기 내용에 지나치게 동조하다가 응원하게 되면 안 된다는 것도 알아보자.

고민을 네 가지 중 하나로 분류한다

예를 들어 '성적이 나쁘다', '체중이 줄지 않는다', '급여가 오르지 않는다'처럼 매우 일상적인 고민이 있다고 하자. 그것을 간단히 분석하면 다음과 같다.

성적이 나빠서 고민하는 중학교 1학년 남자아이가 있다고 하자. "왜 그렇게 고민하니? 너보다 성적이 나쁜 아이도 많지만, 활기차게 공부하는데"라고 솔직한 기분을 물었더니 그 아이는 "학년에서 10등 이내에 들지 못하면 엄마에게 야단을 맞아요"라고 말했다. 이것이 그 아이가 성적이 나쁘다고 고민하는 진정한 이유다. 따라서 그의 고민은 네 가지 중에 '다른 사람과 제대로 어울리지 못한다(대인관계로 삐걱거린다)'로 분류된다. 아이의 연령에서 생각하면 사춘기 문제, 특히 어머니와의 관계 때문에 고민한다고 이해할 수 있다.

이는 KB씨의 고민과 같은 구조이므로 해결도 비슷한 사건에 의해 일어날 것이다. 즉, 어머니와의 관계가 바뀌는 것이 계기다. 사춘기이므로 어떤 일이 일어날지 여러모로 예상할 수 있다. KB씨는 어른(성인기의 심리)이므로 회사에 재고관리 프로그램을 제안해 상사와의 관계를 바꿨지만, 중학생은 어떻게 어머니와의 관계를 바꿀 수 있을까? 다양하게 상상해보자.

그런데 이번에는 똑같이 성적이 나빠서 고민하는 고등학교 3학년 남자아이가 있다. 고등학교 3학년이므로 대학 입시가 문제다. 그의 어머니는 매우 상냥해서 늦게까지 책상에 앉아 있으면 열심히 하라며 커피와 과자를 갖다 준다. 그의 고민은 일류 대학에 가고 싶은데 성적이 더 오르지 않는 것이다.

그는 경제적으로 힘든 모자가정에서 자랐기 때문에 어머니를 편하게 해드리고 싶다는 마음이 강하다. 그래서 학비가 비싼 사립대학 대신 국립대학에 들어가서 좋은 직업을 갖기를 바란다. 그런데 국립대학에 들어가려면 좀 더 열심히 공부해야 하는데 뜻대로 잘 되지 않아서 가끔씩 우울해진다.

이 고민은 '자신을 책망한다(자책감과 우울)'로 분류된다. 목표를 정해놨지만 열심히 할 수 없는 자신, 성과를 낼 수 없는 자신 때문에 고민하는 것이다. 이런 고등학교 3학년생을 상담자는 응원하고 싶어진다.

응원하면서 들으면 경청할 수 없다

그러나 조심해야 한다. 응원하는 마음이 강해지면 경청하지 못하기 때문이다. 동조하면서 듣기와 응원하면서 듣기는 다르다. 응원을 받으면 아마 고등학교 3학년생은 괴로워질 것이다. 사실은 약한 소리도 내뱉고 싶은데, 응원을 받으면 그렇게 할 수 없기 때문이다. 내담자가 자유롭게 이야기하지 못하게 되면 가만히 듣는다는 경청의 본래 목적이 깨지고 만다.

동조하면서 듣기란 고민에 동조한다는 것, 즉 고민하는 내용을 부정하지 않고 긍정하는 것이다. 그래서 말하는 사람의 고민이 흔들려서 "다시 한 번, 공부를 열심히 하자!" 혹은 "이제 안 돼. 노력할 수 없어"라고 말해도 들을 수 있다. 고민 속에서 마음이 여러 방향으로 움직이는 것을 그대로 인정해서 듣는 것, 그런 마음의 움직임을 이야기하는 내담자의 삶의 방식 전체에 동조하는 것이다.

반면에 응원하면서 듣는 것은 마음이 움직이는 한 방향(여기에서는 열심히 공부한다는 방향)에만 동조해서 그렇지 않은 방향(약한 소리를 내뱉거나 목표를 단념하는 방향)에는 동조하지 못하는 듣기 방법이다. 듣는 사람이 응원하면서 들으면 말하는 사람의 마음은 굳어져서 움직이지 않는다. 열심히 하는 방향으로만 고정되기 때문이다.

그래서 고민을 해결해주는 뜻밖의 사건은 일어나지 않게 된다. 응원하고 있으면 결과는 대학에 합격하거나 떨어지는 것뿐이다. 그것은 사건이 아니다. 마음이 성장하거나 확장되는 일은 일어나지 않는다. 하지만 동조하면서 듣고 있으면 합격하든 불합격하든 마음은 성장하며, 혹은 목표 달성이 점점 어려워지면 무언가 대안을 창출할 수도 있다.

깊은 고민에는 동조하지 않을 수 없다

동조하면서 듣기는 고민을 깊게 이해하지 않으면 불가능하다. 마음의 고민은 깊게 이해할수록 그 고민에 동조할 수밖에 없다. 네 가지 고민 중에 가장 수준이 깊은 것은 '죽는 것이 두렵다'는 고민이다. 이 고민을 설명하는 부분에서 갑작스러운 사건으로 동반자를 잃은 사람의 일을 썼다. 마찬가지로 암을 선고받은 사람이 호스피스 병동에서 죽음의 공포를 이야기할 때 누구나 자세를 바르게 하고 얌전히 다 들으려고 할 것이다. '죽는 것이 두렵다'는 살아 있는 한 누구에게나 가장 깊은 수준의 고민이다. 그 앞에서는 누구나 숙연해진다.

'죽는 것이 두렵다'는 고민에 동조하지 않는 사람은 없을 것이다.

고민이 깊은 순서대로 나열하면 '죽는 것이 두렵다 〉 사람이 무섭다 〉 자신을 책망한다 〉 다른 사람과 제대로 어울리지 못한다'의 순서가 된다. 비교적 얕은 고민일수록 동조하면서 듣기가 더 어려울 것이다.

제4장

감정을 듣기

– 깊은 수준에서 흐르는 감정을 들으면 마음이 이어진다

01

듣는 기술의 3단계: 흐르는 감정을 듣기

자유롭게 이야기하면 감정이 깊어진다

심리상담을 처음 시작할 때 내담자는 자신의 경력을 적어오거나 이야깃거리를 목록으로 미리 준비해오기도 한다. 그러나 2회 차, 3회 차가 되면 이런 준비가 자연히 없어지고 상담하러 오는 길에 '오늘은 이거와 이거를 이야기하자'라고 생각하면서 내원하는 정도가 된다. 얼마 후에는 생각했던 이야기를 하다가 도중에 다른 이야기를 하게 되는데, 무심코 입에서 튀어나오는 느낌이다.

"어머, 이런 이야기를 하려고 한 게 아닌데……"라고 하는 사람도 있다. 혹은 "준비해온 내용과 다른 말을 하고 있네요.

이게 아닌데……"라거나 "그러고 보니 지금 생각 났는데……" 라고 하면서 새로운 이야기가 시작되기도 한다. 심리상담 중에 내담자가 안심하고 자유롭게 이야기하게 되는 것이다.

'자유롭게 이야기해주고 있구나'라고 느끼면 상담자가 경청하는 것도 편해진다. 여기까지 오면 가만히 듣기, 즉 내담자가 이야기할 때 절대 끼어들지 않고, 절대 질문하지 않고, 절대 조언하지 않고, 이야기가 끝날 때까지 그저 조용히 듣기를 실행하게 된다. 가만히 듣기와 동조하면서 듣기가 완성되는 것이다.

끼어들지 않고 듣는 것이 심리상담의 70퍼센트다

이 책의 독자 중에는 상담자도 많을 테니 여기에서 조금 샛길로 빠져서 심리상담의 방법에 대해 이야기해보겠다. 상담자는 그저 가만히 듣기만 하고 아무 말도 하지 않는 것은 아니다. 물론 가장 중요한 것은 경청이므로 1회 섹션이 50분이라면 70퍼센트 정도의 시간은 그저 가만히 듣는다. 즉, 35분

동안은 끼어들지 않고 가만히 듣기와 동조하면서 듣기 기술을 다 활용한다. 그리고 15분이 남았을 무렵 입을 연다.

그때 어떤 말을 하는지는 실력에 따라 달라지겠지만, 일단 "힘든 이야기를 들었습니다. ○○으로 힘드셨군요. 무척 고민하셨고, 매우 노력하셨다는 것을 잘 알 수 있었어요"라는 식으로 이야기해준 내용에 동조한다고 감상을 말한다. 그리고 이야기의 배경에서 확실히 해두고 싶은 것, 특히 원가족(그 사람을 낳고 키운 가족)에 관해 질문한다.

그런 다음 가장 중요하면서 경험과 기술을 요하는 것, 바로 현시점에서 심리상담의 진척 상황을 평가해서 그 단계에 알맞은 질문을 한다. 그 목적은 현재 심리상담의 진행 단계를 더 확실하게 하고, 다음 단계로 원활하게 진행하도록 하는 것이다. 그러기 위해 이야기된 말을 몇 가지 꺼내며 내용을 확인하거나 질문이나 해설을 한다. 또한 아직 확실히 말하지 않은 감정을 들어 마찬가지로 확인, 질문, 해설을 한다. 내담자와 상담자 사이에서 대화가 이루어진다.

가령 지인, 가족, 부모에 관해 이야기했다면 말과 감정과 기분으로 그 내용을 확인하고, 질문하고, 해설한다. 이에 따라 내담자는 자신의 변화를 깨닫게 되고 이것을 몇 번쯤 하면 자신이 나아가는 방향이 확실히 보인다.

어떤 말, 감정, 기분에 초점을 맞출 것인지는 심리상담의 진행 단계에 따라 결정된다. 진행 단계를 평가하기 위해 이용되는 것이 이번 장에서 배우는 감정을 듣는 기술이다. 즉, 심리상담이 현재 어디까지 진행되었는지는 이야기되는 감정의 내용으로 평가한다.

심리상담이 진행되고 그 방향이 보이면 대화가 활발해진다. 그러면 경청과 대화의 주기가 짧아져서 10분의 경청과 10분의 대화, 다시 10분의 경청과 10분의 대화를 주고받으며 고민 해결이 빨라지기도 한다.

깔끔한 감정의 흐름은 더 깊은 마음의 움직임을 표현한다

심리상담 슈퍼비전에서 학생인 상담자가 축어록을 가져오면, 나는 축어록을 살펴본 뒤 상담자가 끼어들지 않는 것, 내담자의 이야기가 깔끔하게 흘러가는 것=동조하면서 듣는 것이 확인되면 "잘 듣고 있네. 이대로 계속하면 돼"라고 상담자를 격려한다. 그리고 듣는 기술의 3단계로 진행한다.

듣는 기술을 다시 살펴보자. 전부 4단계로 이루어져 있다. 제3장에서 이 4단계를 〈표 2-1〉로 나타냈다. 여기에서는 항목을 하나 추가해서 〈표 2-2〉로 나타냈다. 추가한 항목은 각 단계의 목적이다.

〈표 2-2〉 듣는 기술의 4단계와 목적

듣는 기술	내용	목적
1단계 가만히 듣기	가만히 듣기 위한 세 가지 지침과 네 가지 금기를 지키며 듣는다.	내담자가 안심하고 자유롭게 자신에 대해 이야기하게 된다.
2단계 동조하면서 듣기	고민을 분류(진단)하고 내용에 동조하면서 듣는다.	
3단계 감정을 듣기	감정의 계층을 의식하고 그것에 동조하면서 듣는다.	심리상담의 진전 상태를 평가하고 그것을 대화로 확인해간다.
4단계 갈등을 듣기	해결할 수 없는 모순을 듣고 자기 조직화의 힘을 끌어낸다.	해결을 예측하면서 끝까지 이야기하고 듣는다.

축어록의 평가에서 '내담자의 이야기가 깔끔하게 흘러가는 것이 확인되면'이라고 썼는데, 내담자가 자유롭게 이야기하고 상담자가 그것을 방해하지 않으면 감정이 깔끔하게 흐른다.

깔끔하다는 의미는 표현되는 말과 감정에 모순이 없고, 감정의 전후 관계에 의미가 잘 맞아서 도중에 끊어지지 않는 상태다. 깔끔하게 흘러가지 않는 것은 말로는 "열심히 하고 있습니다"라고 긍정적으로 말하고 있어도 감정이 타인이든 자신이든 그 누구에게 분노가 향하고 있는 경우다. 깔끔하게 흐른다는 것은 냉정하게 말하던 감정이 어떤 말을 계기로 분노로 바뀌거나 슬픔에 빠지지만, 그 변화의 전후에 의미가 연결되는 것이다. 예시를 보면서 그 변화를 따라가 보자.

중학생 아들의 문제로 고민하는 어머니의 마음 변화

내담자는 37세의 주부, AR씨다. 중학생 아들의 사춘기 문제로 나에게 상담을 하러 왔다. AR씨는 아들이 학교생활을 게

을리하고 밤늦게까지 놀러 다니는 문제로 학교에서 호출당하기도 했으며, 한 번은 "한밤중에 (미성년자가) 몰려다닌다"고 경찰이 주의를 준 적도 있었다.

AR씨가 뭔가 주의를 주려고 하면 아들은 화를 내며 물건을 던지거나 부수기도 했다. 고민을 분류하자면 사춘기에 관련된 모자관계이므로 '다른 사람과 제대로 어울리지 못한다'에 해당된다.

사춘기 문제가 비행이나 은둔형 외톨이라는 커다란 혼란을 일으키는 경우, 그 원인은 부모가 지나치게 엄격했거나 혹은 응석을 받아주는 것처럼 보여도 실은 과도하게 간섭해서 아이를 휘둘렀거나 둘 중 하나다. 어느 쪽이든 공통적으로 아이의 자주성을 망치고 있다. AR씨의 경우 전자였다.

심리상담(가족 상담)에서 AR씨는 한동안 아들에 대한 불만을 이야기했지만, 그 후 자신의 교육이 지나치게 엄했을지도 모른다고 생각하게 되었다. 그리고 상담을 시작한 지 석 달이 지났을 무렵 7회 차 섹션에서 문제 해결의 계기가 되는 일이 일어났다.

AR-7 요즘 아들은 그럭저럭 학교에 다니고 있어요. 밤에 놀러 나가는 것도 전보다 줄어들었고요. 여기에서 조언한 대로 아들과의 커뮤니케이션을 늘렸더니 좀 안정되었어요. 제 교육 방식이 지나치게 엄했던 것을 요즘 반성하고 있어요. 그동안 칠칠치 못하다, 좀 더 제대로 해라, 참을성이 부족하다고 야단을 쳤는데…….

지난달에 여기에서 심리상담을 한 다음 날이었어요. 아들이 또 난폭해져서 "아 진짜 시끄럽네. 잔소리 좀 그만해!"라고 소리를 지르더라고요. 그때 저는 아, 또 시작인가 싶었지만 '그래, 내가 잔소리가 심했지'라는 생각이 떠올라서 무심결에 "그래, 엄마가 시끄러웠지"라는 말이 튀어나왔어요. 아들은 순간 멍하니 있다가 "그래, 알면 됐어!"라고 내뱉더니 자기 방으로 들어갔어요. 그때부터였어요. 아들이 안정된 것이.

최근에는 제가 사춘기 때 어땠는지 어린 시절 엄마와의 관계를 돌이켜보는 일이 많아졌어요.

(여기까지 AR씨는 평온한 어조로 근황을 말했고, 아들과의 관계가 변화한 것을 기뻐했다. 이야기는 끊어지지 않고 이어졌다. 듣는 사람인 상담자는 끼어들지 않았다.)

얼마 전 오랜만에 시골에 계시는 어머니에게 전화를 했더니 갑자기

"너 남편은 제대로 보살피고 있는 거니?"라고 말씀하셨어요. 어머니는 항상 그러셨어요. 제 이야기도 듣지 않고 일방적으로 말씀을 하세요. 그때부터 자기 이야기만 늘어놓더니 제가 어떤 용건으로 전화를 걸었는지는 묻지도 않으셨어요. 저는 짜증이 났어요.

(이 부분에서 내담자에게 분노가 나왔다. 그 후 한동안 어린 시절 어머니와의 추억을 이야기했지만, 그 배경에 흐르는 감정은 분노와 불만이었다.)

하지만 어머니는 아버지 때문에 계속 고생하셨어요. 아버지는 알코올 의존증이라서 만취 상태로 자주 부부싸움을 하셨고, 그러다가 아버지가 격앙해서 폭력을 휘둘렀어요. 부엌 구석에 웅크리고 있는 어머니를 때리는 모습도 봤어요. 아버지는 나이가 들수록 몸이 안 좋아지셨고 어머니는 간호를 하셨고……. 아버지는 죽을 때까지 어머니에게 피해만 줬어요. 아버지가 돌아가셨을 때 어머니는 어쩐지 안심하셨던 것 같아요. (AR씨는 눈물을 흘렸다.)

이 말을 기점으로 내담자의 감정이 분노에서 슬픔으로 바뀌었다. 톤이 바뀌어 어머니를 위로하고, 그 인생과 자신의 인생을 가련하게 여기는 듯한 이야기가 이어졌다.

감정의 흐름이 깔끔하다는 것은 어떤 의미인가?

이 섹션에서는 말과 감정의 흐름이 깔끔하게 이어진다. 깔끔하게 이어진다는 것은 다시 말해 감정이 막혀 있지 않다는 것이다. 분노의 감정이라면 스스로 그 감정을 억누르거나 하지 않는, 말의 표현과 감정에 모순 없이 솔직한 상태를 말한다. 그리고 감정이 흐르는 데에 제대로 된 의미가 있다는 것이다. 이를 자세히 살펴보자.

(1) 기쁨의 감정: 섹션의 초반부는 아들과의 대립관계에 커다란 변화가 있었다는 소식으로 시작된다. AR씨가 무심코 아들에게 한 말 "그래, 엄마가 시끄러웠지"는 고민이 해결되는 계기를 마련해주는 사건이다. 오랫동안 쌓인 모자의 대립(갈등)이 풀리기 시작한 순간이라고 할 수 있다. 앞으로 어머니와 아들의 관계가 어떻게 될지 궁금하지만, 상담자는 가만히 듣고 있다. 그러자 AR씨의 마음은 단숨에 깊은 수준으로 들어간다.

(2) 분노의 감정: 상담자에게 기쁜 소식을 전한 AR씨의 기

분이 일단락된다. 그리고 "얼마 전 오랜만에 시골에 계시는 어머니에게 전화를 했더니"라고 갑자기 자신과 어머니의 관계를 이야기하기 시작했다. 얼핏 갑작스럽게 화제가 전환되는 듯하지만, 두 이야기는 마음 깊은 곳에서 이어져 있다. 전화는 오랫동안 울적했던 어머니에 대한 생각, 참고 있던 분노의 표현이었다.

AR씨와 아들의 현재 모자관계는 깊은 수준에서 그녀의 어머니와의 과거 모녀관계로 이어진다. 과거의 모녀관계에서 어머니와 딸이 이후의 현재 모자관계인 어머니와 아들에게 커다란 영향을 주고 있기 때문이다. 과거 모녀관계에서 어린 시절 아버지에게 느낀 분노를 참아온 AR씨는 혹독한 어린 시절을 보냈다. 그래서 현재 모자관계에서 아들에게 엄한 꾸중을 하면서 인내를 강요한 것도 무리는 아니다.

아들과의 사이에서 현재 모자관계가 개선의 방향을 향한 순간에 AR씨의 생각은 자신의 과거 모녀관계로 향했다. 이것도 당연히 깔끔한 흐름으로 이어져 있다. 아들과의 대립이 풀리고 아들에게 느낀 분노가 진정되자 이번에는 과거에 봉인되었던 AR씨의 분노가 되살아났다. 그 분노는 전화 통화 내용에 담겨 있다. AR씨가 대단한 것은 그 후 어머니에게 느낀 분노가 순식간에 슬픔의 감정으로 변화했다는 것이다.

(3) 슬픔의 감정: 자신의 어머니에게 느낀 분노가 표현된 후 AR씨는 자신을 낳고 키운 가족(원가족)이 안고 온 곤경과 불행, 그리고 그 속에서 아이를 키운 어머니의 고충에 슬픔의 감정이 솟아올랐다.

아들의 사춘기 문제의 긴장, 불안, 노력 → 분노의 표현과 해결 → 슬픔의 표현으로 흐름이 깔끔하다. 마음은 정밀하게 조직화되고 있다.

감정을 들으면 안정적으로 경청할 수 있다

감정을 듣는다는 것은 마음 깊은 곳에서 나오는 말을 듣는 일이다. 경청, 즉 끼어들지 않고 방해하지 않고 동조하면서 들으면 감정이 깔끔하게 흐른다. 슈퍼비전을 할 때 상담자가 가져온 축어록을 살펴보면 말과 감정의 흐름이 단절된 부분이 있다. 나는 상담자에게 그곳을 지적한다.

"여기에서 흐름이 끊어져 감정이 바뀌는데, 혹시 뭔가 기록이 빠지지 않았나요?"

"그게…… 아, 생각났어요. 제가 그때 질문을 했어요. 왜 그렇게 생각하느냐고 물었던 것 같아요."

상담자가 끼어들면 내담자의 발언이 바뀌고 감정의 흐름이 부자연스럽게 끊어진다. 다른 부분은 깔끔하게 흐르고 있는데 그곳만 눈에 띈다. 그때 상담자는 상당히 우수한 사람이었다. 그 한 부분 외에는 매우 잘 경청했다. 그러나 그곳에서 끼어든 것에는 이유가 있을 터였다. 무언가 신경 쓰이는 것이 있었을 것이다. 그것을 명백히 하는 것이 슈퍼비전의 목적이다.

내담자의 감정의 흐름이 보이면 더 안정적으로 경청할 수 있다. 그러면 상담자는 그 자연스러운 흐름을 깨뜨리고 싶지 않아서 끼어들고 싶은 마음이 없어진다.

02

말하는 사람과 듣는 사람의 감정은 동기화된다

두 사람의 감정이 공통의 장을 만든다

장Field이라는 것은 물리학 개념으로 자기장, 전기장, 중력장이라는 식으로 사용된다. 두 개의 자석이 가까이 있으면 두 자기장이 서로 영향을 주어 하나의 자기장을 만들어낸다. 초등학교 때 실험에서 배웠던 것처럼 자석의 주변에 철가루를 두면 장이 보인다. 가까이에서 보면 두 개의 장이 융합하고 있지만, 멀리에서 보면 하나의 장이다.

마음도 마찬가지로, 두 사람이 가까이에 있고 서로 마음이 통하면 공통의 장이 생긴다. 그 장은 감정의 장이다. 말하는 사람의 감정은 듣는 사람에게 전해지고, 듣는 사람의 감정도 말하는 사람에게 전달되어 공통의 장이 생긴다. 내담자가 분노를 표현하면 상담자도 분노를 느낄 것이다. 기쁜 이야기를 하면 상담자도 기분이 밝아진다.

말하는 사람과 듣는 사람의 감정은 동기화된다. 이는 일상 대화에서는 당연한 일이다. 괴로운 이야기를 하면 공기가 무거워져서 말하는 사람도 듣는 사람도 침울해진다. 반대로 즐거운 이야기를 하면 그 자리가 밝아진다. 그러나 심리상담의 현장에서는 감정이 동기화된다는 것이 별로 화제가 되지 않는다. 많은 심리요법의 이론이 상담자(치료자)가 내담자(환자)에게 일방통행으로 시술하는 관계를 전제로 구성되어 있기 때문이다. 상담자가 하느님이고 내담자가 일반인이면 그럴 수도 있겠지만, 양쪽 다 평범한 사람이므로 이것은 무리가 있다.

전이와 역전이는 동시에 일어난다

정신심리요법, 정신분석의 분야에서 전이, 역전이라고 부르는 현상이 있다. 전이란 감정전이라고도 하며 내담자가 상담자에게 호의를 품고 애정의 마음을 표현하거나 반대로 적대적이 되어 분노를 표출하는 것이다. 특히 전달하는 감정이 강하고, 일정 기간에 걸쳐 지속되는 경우에 전이라고 부른다.

역전이는 반대로 상담자가 내담자에게 애정을 보내거나 혐오하는 기분을 느끼는 것을 말한다. 가령 내담자가 상담자를 아버지처럼 생각해서 자신의 속마음을 이야기하는 관계가 지속되면 전이가 일어났다고 한다. 반대로 상담자가 내담자를 자신의 아들처럼 생각해서 보살펴주듯이 열심히 귀를 기울인다면 역전이도 일어난다. 전이, 역전이의 현상은 내담자와 상담자의 깊은 교류를 의미하므로 그것이 일어나는 것 자체는 치료에 효과적이라고 한다.

그런데 앞에서 언급한 '감정은 동기화된다'는 사실에서 봤을 때 전이가 일어난다면 거의 동시에 역전이도 일어난다. 여성 내담자가 연애 감정을 표현하면 남성 상담자는 기쁠 것이다. 이것은 자연스러운 현상이다.

자신의 감정에 귀를 기울이면 전이를 알 수 있다

여기에서는 상담자가 자신의 감정의 흐름을 자각할 수 있는지, 다르게 표현하자면 자신의 감정을 들을 수 있는지, 감정의 움직임을 모니터할 수 있는지가 중요하다. 만약 자신의 감정을 듣지 못하면 심리상담의 효과는 멈추고 만다. 즉, 경청을 할 수 없다. 예를 들어 앞에서 성적이 나빠서 고민했던 모자가정의 고등학교 3학년생을 떠올려보자. 그 학생은 고생한 어머니를 위해 좋은 대학에 들어가고 싶어서 노력했다. 그리고 그 이야기를 들은 상담자는 이 학생을 응원하고 싶어진다.

그러나 응원한다면 경청하지 못한다고 설명했다. 응원을 시작했을 때 역전이(상담자가 내담자에게 보내는 강한 감정)와 전이(내담자가 상담자에게 보내는 강한 감정)가 성립되므로 경청이 불가능해진다. 응원한다는 것은 역전이에서 일어나는 현상이다.

다른 예를 들어보자. 내담자가 열심히 이야기를 들어주는 이성 상담자에게 깊이 감사하는 마음을 품다가 어느새 연애감정에 가까운 호의를 느끼기 시작했다. 그것을 느낀 상담자도 마음이 따듯해져서 기쁘게 생각한다. 이는 자연스러운 일이지만 여기에서 상담자가 자기감정의 움직임을 자각하지 못하면 좋은 감정을 지닌 채 이 감정을 유지하려고 한다.

내담자도 자신의 감정을 자각하지 못한 채 계속 같은 감정이 지속된다. 말하는 사람과 듣는 사람이 같은 감정의 장을 유지하려고 한다. 그 기간이 길어지면 정신분석에서 말하는 전이와 역전이가 고정되어 심리상담이 더는 진전되지 않는다.

이런 경우 만약 상담자가 자신의 감정을 제대로 들을 수 있으면 사태를 피할 수 있다. 처음에 상담자는 내담자가 연애감정 같은 호의를 보이는 것을 자각하고 기쁘게 생각한다. 자신의 기쁜 감정을 자각한 것을 다행으로 여긴다.

그렇게 되면 내담자도 자신의 호의를 알아주어서 다행이라고 생각하고 안도감을 느낀다. 이렇게 서로 상대의 호의적인 감정을 자각하고 이해해준다. 그러면 상담자도 내담자도 만족하고 각자 호의를 품은 데서 마무리할 수 있다. 온화한 장이 형성되어 안심하고 다음 화제로 진행된다. 다시 경청이 지속된다.

자신의 감정을 자각한다

내담자의 감정의 흐름을 듣고 동시에 그것에 호응하는 상담자 자신의 감정의 흐름까지 듣는 것이 감정을 듣는 비법이다. 이런 감정의 흐름을 듣게 되면 무의식이 보이는 지점까지 한 발 더 왔다고 해도 될 것이다. 마음이 회복되는 것은 아직 언어화되지 않은 무의식의 수준에서 시작되는 자기 조직화의 능력이라고 이 책의 서두에서 말했다. 이제 듣는 기술은 가장 높은 수준으로 들어간다.

그러나 그것은 제5장에서 이야기하겠다. 그 전에 감정의 계층에 대해 공부하면서 준비를 해두자.

03

감정의 계층은 불안-우울-분노-공포-슬픔-기쁨의 순으로 구성된다

기쁨으로 끝나는 감정의 여섯 가지 흐름

심리상담에서 이야기되는 감정에는 여섯 계층이 있다(〈표 4〉). 심리상담의 진행과 함께 감정은 이 순서대로 변화한다. 그리고 다섯 번째의 슬픔과 체념 뒤에 마지막에 오는 감정이 기쁨이다.

상담자는 경청하면서 현재 내담자의 마음을 차지하는 감정이 무엇인지 듣는다. 그것은 여섯 가지 중 하나다. 감정은 말보다도 넓고, 깊고, 강하다. 상담자는 이야기의 배경에서 감정을 읽어낸다.

말의 배경에 있는 감정을 듣는 것은 심리상담뿐 아니라 일

〈표 4〉 감정의 여섯 계층

경청으로 진행되는 감정의 계층	회복의 경과
1계층 불안과 노력	상담은 현실의 불안을 표현하는 데서 시작된다.
2계층 우울	노력할 수 없는 자신을 책망하고 인생을 돌이켜본다.
3계층 분노	그런 삶을 살아온 자신에게 분노한다.
4계층 공포	자각되지 않은 공포를 본다.
5계층 슬픔과 체념	슬픔 속에서 오래된 삶의 방식을 버린다.
6계층 기쁨	기쁨 속에서 새롭게 살아가기 시작한다.

상 대화에도 도움이 된다. 가령 말로는 칭찬하고 있어도 그 배경에 분노에 가까운 부정적인 감정이 있다면 칭찬이 아니라 질투나 야유가 된다. 상대가 이를 자각한 상태에서 한다면 필요 이상의 칭찬으로 내 기운을 꺾으려고 하는 것이다.

또한 매우 슬픈 사건이 있을 때 그것을 말로 표현하는 사람이 있다. 그러나 가만히 귀를 기울여보면 그 배경에 고통에서 해방된 듯한 안도감이 느껴지기도 한다. 그러면 슬픔만이 아니라 하나의 고통이 끝났다고 이해할 수 있다.

어느 초등학교에서 아이의 발달장애에 대해 강연했을 때의 일이다. 강연 후 질의응답 시간에 2학년 담임이 상담을 청했다.

"한 학생이 수업 중에 뒷자리 아이에게 자꾸 말을 거는데, 주의를 주면 교실에서 나가버리기도 해요. 정말 곤란을 겪고 있습니다. ADHD(주의력 결핍 과잉행동 장애라는 발달장애의 하나) 아이인지, 혹시 그렇다면 어떻게 대처해야 할까요?"

곤란을 겪고 있다고 했지만, 그 배경에는 수업을 방해하는 아이에 대한 분노가 있었다. "곤란을 겪고 있다"라고 하면 '곤란을 겪고 있다 → 담임으로서 대처할 수 없다 → 힘이 미치지 않는다 → 조언을 원한다'라고 질문자의 기분을 추측하기 쉽지만, 그렇게 느껴지지 않았다.

이런 경우 질문대로 ADHD 아이에 대한 대처법을 조언해도 해결되지 않는다. 일단 사태를 정리할 필요가 있었다. 그래서 나는 학생의 언행과 그때 교실의 모습을 자세히 물어보았다. 담임선생은 학생의 행동과 말, 그리고 다른 학생의 반응을 자세히 묘사해주었다.

이 청취 과정에서 질문자가 처음 느낀 분노는 진정되었고, 사태를 냉정하게 이해하려는 마음으로 전환된 듯했다. 담임=지도자로서 마음의 위치를 되찾은 것이다. 나는 학생의 문제 행동은 ADHD가 원인이 아니라 심리적인 이유에서 생겨난 것임을 알았기 때문에 그것을 설명하고 대처법을 조언했다. 담임은 납득하고 안도하는 표정을 보였다. 이것은 심리상담이 아니지만, 분노와 불안의 감정에서 시작되어 냉정한 기분을 되찾고 마지막에는 안도에 이르는 흐름을 보였다.

나는 전문가로서 여러 사람을 상담하고 있다. 상담의 직접적인 내용과는 별개로 그 사람이 곤란을 겪고 있는지(불안), 자신을 책망하고 있는지(우울), 짜증을 내고 있는지(분노) 등의 감정을 읽어낸다. 그리고 상담 내용에 대한 조언과는 별개로 상담자의 감정을 받아들였다는 메시지, 예를 들어 "그 감정은 불안이지요"라고 답하기도 한다. 그러면 상담자의 이해도가 높아진다.

이성과 말,
감정과 말의 관계

〈표 4〉 감정의 여섯 계층에 대한 이야기를 이어가겠다. 심리상담 중에 표현되는 감정은 표에 정리한 순서대로 1계층부터 6계층으로 진행된다. 6계층에 도달했을 때 심리상담을 종료한다.

여기에서 말과 감정에 대해 생각해보자. 말은 감정이 생겨난 후 사회적인 표현, 즉 사람에게 전달할 표현을 찾아냈을 때 나오는 것이다. 아름다운 숲의 경치를 보고 '와, 예쁘다'고 말할 때 옆에 사람이 있든, 혹은 아무도 없어서 혼잣말로 하든 그것은 사회적인 표현이다. 반대로 말하자면 다른 사람(혹은 본인)에게 설명할 수 없는 감정, 전할 수 없는 감정은 말로 표현되지 않는다.

아름다운 숲의 경치를 보고 '와, 예쁘다'고 느꼈지만 동시에 '뭔가 그것과는 다른 것이 느껴져. 무겁고 움직이지 않지만 어둡지는 않은, 그것은 무엇일까?'라는 식으로 생각한다면 말로 간단히 표현할 수 없을 것이다. 심리상담에서는 주로 사람에 대한 감정이 이야기되지만, 일상생활에서는 언어화되지 않는 감정, 사회 속에서는 쉽게 전해지지 않는 감정을 자각하고 이야기한다.

이성과 감정의 관계에 대해 생각해보자. 이성은 말이다. 깊은 수준의 감정은 말로 하기 어렵다. 사회적 상황에서는 이성이 감정보다 우선되어야 한다. 아무리 화가 나도 갑자기 상대에게 불만을 말해서는 안 되며, 먼저 이성적인 절차를 생각해야 한다. 분쟁이나 곤란한 일을 이성으로 처리할 수 있도록(전부는 아니지만) 사회 규칙이 구성되어 있다. 법률과 규칙, 암묵적으로 약속한 사항인 도덕이나 논리가 바로 그것이다.

반면에 심리상담 상황에서는 이성(말)보다 (깊은 수준의) 감정이 우선시된다. 심리상담이라는 작업은 이성(말=사회적 규칙)에 따라서 고민을 해결하려고 갖은 노력을 하다가 제대로 되지 않을 때 시작되기 때문이다.

고민이 계속되어 앞이 보이지 않을 때 사람은 '나를 바꾸고 싶다'고 생각해서 심리상담을 하러 온다. 그러나 그 과정에서 '바꾸고 싶다'고 생각했던 것은 자신이 아니라 자신이 믿고 따라온 삶의 방식=규칙임을 깨닫는다. 이제 자신이 알고 있는 이성(오래된 말=오래된 규칙)으로는 아무리 해도 해결되지 않는다. 그래서 새로운 말(새로운 이성=새로운 규칙)을 찾아야 한다. 그 힌트가 되는 것이 마음의 깊은 수준에 있는 감정이다.

아들 문제로 고민하는 어머니의 감정은 불안과 노력 상태다

제4장의 앞부분에서 예시로 들었던 37세 주부 AR씨에 대해 하나 더 살펴보자. AR씨의 고민은 중학생 아들의 사춘기 문제였다. 아들은 학교생활을 게을리하고 밤늦게까지 놀러 다녔다. AR씨가 주의를 주려고 하면 화를 내고 물건을 던지거나 부수기도 했다. 집 안의 벽이나 방문에 아들이 뚫은 구멍이 몇 개나 있다. 그야말로 가정폭력이다. 심리상담이 시작되었을 무렵 AR씨가 스마트폰으로 찍은 사진을 보여주었다. 거실과 복도 사이 문에는 단방에 관통한 듯한 구

멍이 나 있었다. 그 구멍에 합판을 대어 임시로 보수한 사진도 있었다.

AR씨가 "어떻게 하면 좋을까요?"라고 묻기에 나는 일부러 "지금은 임시로 보수해도 괜찮아요"라고 대답했다. 방문을 보수한 것에 관련지어서 아들에게 대처하는 방법도 '일단 지금 이대로 괜찮다'는 메시지를 보낸 것이다. AR씨는 조금 안심한 듯했다. 이 조언은 AR씨가 안고 있는 불안이라는 감정에 보내는 조언이다.

앞에서는 심리상담 중 AR씨가 모자관계의 문제를 해결하는 부분을 설명했다. 그것은 심리상담 섹션 7회 차에서 무심코 "그래, 엄마가 시끄러웠지"라는 말이 튀어나온 것이 계기가 되었다. 여기에서는 시간을 되감아서 그 해결로 이르는 과정을 재검토하겠다. AR씨의 심리상담 2회 차로 돌아간다.

AR-2 지난주에 학교에서 호출이 왔어요. 아들이 늦은 밤까지 게임센터를 서성거려서 경찰에게 연락이 왔다더군요. 친구까지 세 명이 파출소에 끌려갔는데, 그곳에서 학교 이름을 물어봤나 봐요. 이번에는 주의만 주고 끝났는데……. 담임선생님은 우리 아들이 수업을 잘 안 듣기는 해도 학교에서 눈에 띄게 나쁜 짓을 하지는 않았다고 말씀하셨어요. 집에 돌아가서 아들에게 추궁했더니 "뭐? 시끄러워!"라고 화를 내며 거실 테이블을 발로 차고 방에 들어가 버렸어요. 테이블에 있던 컵이 떨어져서 깨졌어요.

지난번 상담에서 선생님이 "사춘기이자 반항기의 문제입니다. 그렇게 걱정하지 않으셔도 되지만, 상황은 좀 심각한 편이네요"라고 설명해주셨지요. 이렇게 심해진 것은 제 교육 방식이 틀렸기 때문일까요? 책도 많이 읽어봤는데, 부모의 과한 간섭이 원인이라고 쓰여 있더라고요.

AR씨는 자신의 교육 방식을 돌이켜보고 경찰이 관련된 사건까지 일으킨 아들의 사춘기 문제를 고민했다. 자책하거나 아들을 혼내거나 심한 말다툼을 벌이기도 했다. 그녀는 어떻게든 문제를 해결하려고 열심히 노력했다.

앞서 소개한 것은 2회 차 섹션 중 일부인데, 그 전의 1회 차와 그다음의 3회 차 섹션까지 같은 호소가 이어진다. 그 기간 중 AR씨가 줄곧 이야기하는 말의 배경에 있는 감정은 '1계층 불안과 노력'의 감정이었다. 이것은 3회 차 섹션 내내 바뀌지 않는다. 물론 아들에게 느끼는 분노도 표현되었지만, 중심적인 감정은 아니었다.

담임에게 불려가기도 했고, 아들을 어떻게든 하려고 혼내거나 달래거나 싸우기도 했다. AR씨는 결국 심리상담까지 받으며 문제를 해결하려고 노력했다. 그러나 쉽지 않았다. 이대로는 가족이 무너질지도 모르고, 아들이 정말 다른 사람에게 피해를 주고 경찰에 체포될지도 모른다는 생각에 AR씨는 매우 불안했다.

사람의 상담과 호소는 대개 불안과 노력의 감정에서 시작된다. 심리상담인 경우는 100퍼센트다. 이것을 알고 있기만 해도 듣는 사람은 이야기를 듣기 쉬워진다. 감정을 보면 깊게 경청할 수 있기 때문이다. 그러나 말하는 사람의 감정에 동조하면서 끝까지 들으려면 듣는 사람의 역량이 요구된다. 앞에서 말한 전이와 역전이처럼 듣는 사람이 자신의 감정을 파악하지 못하면 불안과 분노의 감정에 휩쓸려서 자신을 잃을 수도 있다. 마음을 다잡고 불안과 노력의 감정을 끝까지 듣겠다고 자각하고 있으면 심리상담은 제대로 진행된다.

우울의 감정에서 분노의 감정으로

이어지는 4회 차, 5회 차 섹션에서 AR씨의 주된 감정은 '2계층 우울의 감정'과 '3계층 분노의 감정'이 뒤섞인 상태로 변해 갔다.

AR-5 아들의 상태가 잠시 진정되어 다행이었지만, 얼마 지나지 않아 상황이 또 안 좋아졌어요. 아들의 무책임한 태도를 보고 있으면 아무래도 제가 초조해지더군요. 그러면 안 된다는 것을 알면서도 참을 수가 없어서 입을 열면 또 싸움이 시작돼요. 왜 이렇게 될까요. 저는 왜 이러는 걸까요.

선생님께서 "자신이 스스로 엄격하고 매우 성실하게 살아왔기 때문에 아들의 무책임한 모습을 허용할 수 없는 것입니다"라고 하셨죠. 제가 그렇게 성실하게 살아온 것일까요? 분명히 여유는 없었어요. 아들이 어린 시절에 저는 필사적으로 매달리며 살았거든요.

친구도 제게 항상 아이를 제대로 키운다고 했어요. 그때부터 저는 항상 친구의 이야기를 듣는 역할만 해왔던 것 같네요. 그것이 저의 지나치게 성실한 부분일까요? 하지만 그건 제게 당연한 일이었어요. 왜 이렇게 되었을까요.

저는 성실한 제 모습이 싫어질 때가 있어요. 좀 더 자유롭게, 좀 더 적당히 해도 되지 않을까? 나 자신을 그렇게 동여매지 않고 발산해도 되지 않을까? 이렇게 생각할 때가 있어요.

어차피 한 번뿐인 인생인데 말이죠. 가족에게는 미안해서 말하지 못하지만, 남편과 아들을 위해서만 사는 것은 이제 싫어졌어요. 하지만…… 지금은 어떻게든 노력해서 아들을 다시 고치고 싶어요.

그녀의 이야기는 아들의 사춘기 문제가 아니라 자신의 내면 이야기가 많아졌다. 말투는 조용해졌고 감정의 톤은 '2계층 우울의 감정'이 중심이다.

AR씨는 이제까지의 삶의 방식에 자신감을 잃고 자책했다. 자신을 책망한다=우울이다. 어떤 사람도 자신을 계속 책망하면 기분이 우울해진다. 반대로 지금 자신이 우울하다면 어딘가에서 자신을 책망하고 있기 때문이다. 무엇 때문에 책망하고 있는지 알아차리면 우울한 감정에서 벗어나는 힌트를 찾을 수 있다.

5회 차 섹션에서 AR씨의 분노는 표현되지 않았지만, '2계층 우울의 감정'의 바로 아래에는 반드시 '3계층 분노의 감정'이 있다. 우울과 분노의 관계에 대해 생각해보자. 가령 여러분이 업무상 실수를 저질러 상사에게 질책을 받았다고 하자. 일단 평온을 유지하고 "실수를 해서 죄송합니다"라고 상사에게 사과하고 머리를 깊이 숙인 뒤 방에서 나왔다.

그 후 여러분의 마음에는 어떤 감정이 생겨났을까? 반드시 분노가 솟아오를 것이다. 분노에는 두 종류가 있다. 하나는 "뭐야, 이 정도 실수 때문에 일일이 사람을 불러도 되는 거야?"라고 혼잣말로 표현하는 상사에 대한 분노다. 또 하나는 "이런 실수를 저지르다니 나는 정말 한심한 인간이야"라고 자신을 책망하는 감정이다. 이 경우에는 자기 자신에 대한 분노가 생겨난다.

상사에 대한 분노를 표현할 수 있다면 후련해져서 별로 미련 없이 끝난다. 반면에 자책하면서 자신에게 분노를 돌리는 경우는 우울의 감정이 발생해서 뒤에 고민이 남는다. 자신을 책망하는 것은 자기 자신이다. 자기 안에 있는 성실한 자신이다. 성실한 자신이 실수한 자신을 나무란다. 성실한 자신은 강인하게 제대로 살아가려고 하는 자신이다. 반면에 실수한 자신은 나약하고 한심한 자신이다. 자책하면서 생기는 우울의 배경에는 반드시 이런 자신에 대한 분노가 존재한다.

AR씨의 경우로 돌아가자. 그녀는 아이 교육을 제대로 하지 못했다고 자책하고 있다. 지나치게 성실해서 마음에 여유가 없었고, 항상 듣는 역할만 하느라 자신을 내보이지 못한 자신에게 의문을 품기 시작했다. 거기에는 자기 탓으로 아들을 형편없는 사람으로 만들었다는 자신에 대한 분노가 있다. 따라서 이 섹션에서 읽어내야 할 감정은 우울과 분노다.

이 두 가지 감정을 읽어내면 듣는 능력은 매우 안정된다. 말하는 사람의 괴로움이 확실히 보이기 때문이다. 경청의 기법인 '동조하면서 듣기'가 더 편해질 수 있다.

슬픔과 체념의 감정으로

이어지는 6회 차 섹션에서 AR씨는 말수가 줄어들었다.

AR-6 아들은 변함이 없어요. 가끔 밤 10시에 집에 돌아오기도 해요. 예전 같았으면 "어디 갔었어? 이렇게 늦게까지 뭘 한 거야!"라고 저도 화를 냈겠지만, 최근에는 별말을 안 해요. 물론 웃는 얼굴로 맞이할 수는 없지만, "어서 와"라고만 해요.

아들은 무뚝뚝한 얼굴로 방에 들어가요. 하지만 예전과 비교하면 밤늦게 들어오는 횟수가 적어졌어요. "제대로 공부하고 있어?"라고 말하면 아들은 "뭘 꼬치꼬치 물어봐. 시끄러워 죽겠네!"라고 말을 잘라요. 그러면 또 한바탕 소동이 벌어져요. 그저께도 플라스틱 컵이 날아와 때구루루 굴러갔어요. 그다음 집 안이 잠잠해졌어요.

대화의 톤은 조용했다. 우울한 감정을 드러내기보다 조용하고 담담하게 이야기했다. 무언가를 억누르고 무언가에서 동떨어져서 애써 객관적으로 사태를 이야기하는 것처럼 들렸고, 무언가에서 손을 놓은 것처럼 들리기도 했다.

아들의 분노는 서서히 수습되는 듯했다. 심야에 귀가하는 횟수가 줄었고, 말을 자르는 횟수가 줄었다는 것은 사실이며, 다행스럽다. 문제는 해결을 향하고 있다. 그러면 이 6회 차 섹션에서 AR씨의 감정은 어느 수준에 있을까?

조용함은 '5계층 슬픔과 체념의 감정'이다. 아내로서 주부로서 어머니로서 열심히 성실하게 아이를 키워온 AR씨는 지금까지 쌓아온 그 노력의 일부를 내버린 모양이다. 이제 여기까지 왔으면 어쩔 수 없다고 느낀 것일까?

어쨌든 AR씨의 기분은 차분해졌다. 이것이 해결로 이어질 것이다. 심리상담에서 내담자가 말수가 줄었다면 해결이 가까워졌다고 생각해도 된다. 그것이 다음 7회 차 섹션에서 일어난다. 그 내용은 이번 장의 맨 처음에 소개했다. AR씨가 아들과 대화하다가 일어난 일이다. 그 대목을 다시 한 번 인용하겠다.

기쁨의 감정을 알리다

AR-7 ……아들이 또 난폭해져서 "아 진짜 시끄럽네. 잔소리 좀 그만해!"라고 소리를 지르더라고요. 그때 저는 아, 또 시작인가 싶었지만 '그래, 내가 잔소리가 심했지'라는 생각이 떠올라서 무심결에 “그래, 엄마가 시끄러웠지”라는 말이 튀어나왔어요. 아들은 순간 멍하니 있다가 “그래, 알면 됐어!”라고 내뱉더니 자기 방으로 들어갔어요. ……(후략)

이렇게 AR씨와 아들 사이의 사춘기 문제는 해결되어갔다. 다음은 8회 차 섹션의 일부다.

AR-8 ……아들이 밤늦게 놀러 다니는 일이 없어졌어요. 최근 한 달 동안 집에 제대로 들어와요. 지금까지는 식사 시간에 부르지 않으면 나오지 않았던 아들이 이제는 제가 저녁 준비를 하면 거실에 나와서 허둥지둥해요. 그러다가 “뭐 도와줄까?”라고 말해서 놀랐어요. “잔소리 좀 그만해!”라고 화를 내던 모습과는 크게 달라졌어요. ……(후략)

이번의 감정은 말할 것도 없이 ‘6계층 기쁨의 감정’이다. AR씨는 이어지는 섹션에서 아들과 화해하고 점점 새로운 가족관계가 만들어져서 기쁘다는 소식을 알렸다. 그 후 그녀의 화제는 자신을 낳고 키운 원가족을 향했고, 5회 정도 섹션을

더한 뒤 심리상담은 종결되었다. 이렇게 심리상담에서는 불안과 노력에서 시작된 감정의 여섯 계층이 순서대로 나타나면서 문제가 해결된다.

그런데 이쯤 되면 대다수의 독자가 '4계층 공포의 감정'이 없었다는 것을 알아차렸을 것이다. 그렇다. AR씨의 심리상담에는 공포가 나타나지 않았다. 심리상담에서 공포는 이야기되지 않는 것이 오히려 일반적이다. 그러나 이야기되지 않았다고 해도 공포의 계층이 없었을 리는 없다. 실제로 이어지는 섹션 중에서 AR씨는 그것을 말해주었다.

AR-11 그 시절(아들의 가정폭력이 수습되지 않았던 시절) 저는 지쳐서 가족이 아무도 집에 없는 오후에 혼자 침대에 드러누워서 여러 가지 일을 생각했어요. 어린 시절의 일, 학생 시절의 일, 결혼했을 무렵의 일을 멍하니 떠올렸어요.

지금 생각하면 이상하지만 '아, 이제 내 인생은 끝났구나'라는 생각이 들기도 하고, 갑자기 '이런 생각을 해서는 안 돼'라고 생각이 들며 두려워졌어요. 밖이 어둑해질 무렵에야 겨우 몸을 일으켜 장을 보러 나갔어요. 그런 일이 2, 3일 이어졌어요. ……(후략)

짧은 시간이었지만 그곳에 있었던 것은 공포를 보고 움직이지 못하게 된 마음의 반응이다. 사람이 삶의 방식을 바꿔갈 때 반드시 통과하는 감정이다. 지금까지 오랫동안 믿어온 삶의 방식(=규칙), 즉 노력에서 손을 떼도 되는지 불안해지는 공포를 느끼는 것이다.

그것은 살아가기 위해 필사적으로 잡아온 생명선을 지금 놓아도 되는지, 두려워지는 것이다. 이제 예전과는 환경도 마음도 달라져서 발밑에 까마득한 골짜기는 없다. 발끝 10센티미터 아래에는 평온한 녹색 평원이 펼쳐져 있다. 그것을 알고 있지만 지금까지 한 번도 손을 놓지 못했던 생명선에서 손을 떼는 것은 무서운 일이다. 하지만 본인도 깨닫지 못한 채 지나쳤다가 앗 하고 뒤돌아봤을 때는 손을 떼고 새로운 대지에 서 있을 것이다.

공포의 표현은 다양하지만, 공포와 마주해서 공포의 감정이 생생하게 표현되기도 한다. 그것은 마음의 훨씬 깊은 수준까지 정리해야 하는 심리상담, 예를 들자면 어린 시절에 학대를 당하며 자란 사람의 심리상담을 하는 경우다. 이에 대해서는 다음 장에서 다룰 기회가 있다.

생활을 안정시키는 말

내담자의 감정이 자유롭게 흐르기 시작하면 심리상담이 빠르게 진행된다. 그곳에서 이야기되는 감정은 일상생활 속에서는 별로 드러나지 않는 깊은 수준의 감정이다. 일상생활 속에서 우리가 깊은 수준의 감정을 느끼지 않는 것은 아니다. 어딘가에서 느끼고 있다. 그러나 그것이 새삼스럽게 표현되지는 않는다. 안정된 생활 속에서는 일부러 말로 할 필요가 없고, 일일이 그런 감정을 주워서 표현한다면 생활할 수가 없다.

일을 하는 사람이라면 업무가 밀릴 것이고, 주부라면 집안일을 처리하고 아이를 학교에 보내는 일상에 지장이 생긴다. 어느 정도 감정을 억누르거나 뒤로 미뤄두는 것은 생활과 마음의 안정을 위해 필요하다. 감정의 억압이라는 표현도 하지만, 중요한 일이다.

그러나 그렇다고 해도 생활 속에서 가끔 우울(2계층)이나 분노(3계층)의 감정이 강해져서 괴로워질 때가 있다. 그럴 때 우리는 그 감정을 '1계층 불안과 노력의 감정'으로 되돌려서 다시 노력한다. 깊은 수준의 감정을 뒤로 미루는(혹은 억압하는) 것은 우리가 사회생활을 할 때의 이성이다. 바꿔 말하자면 일상에서 사용하는 말이다. 우리는 말을 이용해서 생활을 안정시키는 것이다. 생활 속에서 이성은 감정보다 우선해야 한다.

반면에 심리상담이나, 심리상담이 아니어도 사람이 혼자 깊은 상처로 고민하고 있을 때는 평상시 정면에서 이야기한 적 없는 깊은 수준의 감정이 나온다. 자유롭게 이야기하거나 혼자 그것을 마주하면 평소 표면에 떠오르지 않았던 감정이 나온다.

그때 감정의 힘은 매우 강하고, 그것은 이윽고 말을 바꾼다. 말이 바뀐다는 것은 일상생활 속의 이성이 바뀌는 일이다. 그것은 곧 삶의 방식이나 생활을 바꾼다. 말이 바뀌는 일로 고민이 해결된다. 말이 바뀔 때 생활 속에 사소한 사건이 일어난다. AR씨는 7회 차 섹션에서 무심코 "그래, 엄마가 시끄러웠지"라는 말이 튀어나왔다고 알려주었다. 이것이 사건이며, 이 사건을 계기로 모자관계가 변한 것이다.

경청의 기술 '감정을 듣기'를 마스터했다면 다음은 드디어 마음의 커다란 변화에 맞서는 '갈등을 듣기'다. 사건이 일어나는 단계라고 할 수 있다.

제5장

갈등을 듣기

– 고민의 원천은 전부 마음의 갈등이다

01

갈등의 끝에 트릭스터가 나타난다

뜻밖의 사건이 상황을 바꾼다

어느 클래식 음악회에 갔을 때의 일이다. 지역의 오케스트라와 유럽에서 초대된 바이올리니스트가 바이올린 협주곡을 연주하는 공연이었다. 연주가 시작되어 관객들은 음악을 즐기고 있었다. 나중에 돌이켜보니 그것은 좋을 것도 나쁠 것도 없었던, 일반적인 연주회로 기억될 뻔했다.

그러나 1악장의 후반에 접어들었을 무렵 갑자기 모든 소리가 멈췄다. 한순간의 정적 후 홀 내부가 술렁거렸다. 무슨 일인지 궁금했는데, 솔리스트의 바이올린 현이 끊어진 듯했다. 연주는 중단되었고 솔리스트는 무대 뒤로 모습을 감추었다.

잠시 후 현을 교체한 솔리스트가 무대로 돌아왔고 박수가 쏟아졌다. 곧 장내가 잠잠해지자 연주가 재개되었다. 그때 바이올린의 소리가 몰라보게 달라졌다. 그것은 현을 교체했기 때문만이 아니라 실패를 만회하고 싶다는 솔리스트의 의욕이 담긴 듯이 들렸다. 그러자 덩달아 관현악단의 음색도 믿을 수 없을 정도로 풍부하게 바뀌었고, 관객의 열렬한 반응 속에 훌륭한 연주가 이루어졌다.

연주자들에게는 몇 번이나 연습을 거듭해온 익숙한 악보였을 텐데도 사소한 계기로 연주의 질이 크게 달라진 것이다. 필자는 이런 일을 처음 경험해본 터라 매우 감격한 기억이 있다.

그때 내가 생각한 것은 트릭스터Trickster였다. 트릭스터는 사기꾼, 협잡꾼이라고 번역되는데, 그들은 반드시라고 말해도 될 정도로 정해진 규칙을 파괴한다. 정신분석이나 심리학 분야에서는 마음의 흐름을 바꾸는 장난꾸러기로 여겨진다.

트릭스터에 대한 나의 이미지는 이렇다. 두 남성이 마주 서 있다. 두 사람은 서로 노려보면서 심각한 얼굴을 하고 큰 목

소리로 격론을 벌인다. 그 기백에 주변 사람들은 그 누구도 가까이 다가가지 못한다. 그곳에 트릭스터가 나타난다. 그는 어느새 한 남자의 뒤에 서 있다. 그리고 갑자기 그 남자의 무릎을 뒤에서 친다. 당한 남성은 "뭐하는 거야!"라고 순간 벌컥 화를 내지만, 비틀거리며 "진지하게 이야기 중이니까 방해하지 마"라고 쓴웃음을 짓는다.

이 사건은 두 남자의 감정적인 대립에 물을 끼얹게 되고, 이후 논의는 생각지 못한 방향으로 나아가 문제가 해결된다. 주변 사람들도 가슴을 쓸어내린다. 정신을 차리고 보니 트릭스터는 이미 사라지고 없다.

연주회의 이야기로 돌아가면 이렇다. 연주회가 시작되고 오케스트라도 솔리스트도 열심히 연주하고 있다. 그러나 관객은 왠지 모를 불만을 느끼고 있다. 솔리스트는 본래 좀 더 좋은 연주를 할 수 있는 사람이고, 지역 오케스트라도 열심히 하고 있지만 무언가 부족하다. 하지만 누가 나쁜 것은 아니다. 그저 감동이 부족한 연주회일 뿐이다. 그럴 때 트릭스터가 나타나 바이올린의 현을 끊는다. 내가 그리는 이미지는 이렇다.

이와 비슷한 현상이 심리상담 중에도 일어난다. 사소한 사건을 계기로 마음의 흐름이 크게 바뀌는 것이다. 그 사건은 일상생활 속에서 정말로 사소한 일이지만, 바이올린의 현이 끊어진 것처럼 의외의 사건이다.

트릭스터는 마음속의 해결을 현실화해준다

심리상담 중에 사건이 언제 일어나는지는 정확하게 예측할 수 없다. 그러나 대다수는 심리상담이 절정에 도달했을 무렵에 일어난다. 상담자 쪽에서 봤을 때는 상담의 단계가 꽤 진행되어 감정의 흐름을 끝까지 들은 다음 갈등을 듣는 단계이기 때문이다.

내담자 쪽에서는 이미 이런저런 이야기를 다 털어놓았고, 불평도 늘어놓았고, 불안과 우울, 분노도 드러냈다. 이제 탈탈 털어도 아무것도 나오지 않는다. 그러나 자신이 안고 있는 마음의 고통은 무엇 하나 해결되지 않았다. 이제부터 어떻게 해야 할지, 앞날이 전혀 보이지 않아 괴롭고 고통스러운 시점이다.

사건이 일어나기 직전, 그때까지 불안과 우울, 분노를 기조로 어둡고 무겁게 머무르던 감정이 갑자기 가벼워지고 내담자의 어조가 조용해진다. 잠시 고민을 초월한 듯한 말투를 보이기도 한다.

그 후에 갑자기 일어나는 사건은 내담자 자신도 별로 자각하지 못한다. 그러나 그것을 기점으로 현실의 삶의 방식이 바뀌어간다. 사건을 일으키는 것은 트릭스터다. 트릭스터의 역할은 마음속의 해결을 현실화하는 것이다. 마음속 해결이란 갈등이 풀리는 일이며, 그것은 다음과 같은 현상이 마음에 일어난다는 것이다. 즉, 마음의 막혀 있던 응어리가 풀리고, 속박에서 풀려나 자유로워지며, 굳어져 있던 감정(불안, 우울, 분노)이 사라진다. 안개가 걷혀서 시야가 해방되며, 인생의 수수께끼가 풀린다. 마지막까지 지켜보던 트릭스터가 찾아오는 것이다.

02

딸의 등교 거부 문제로 고민하는 내담자의 이야기

딸의 등교 거부로 고민하는 어머니

다음으로 딸의 등교 거부 문제로 상담을 하러 온 어머니 NF씨의 이야기를 소개하겠다. 앞서 제4장에서 설명한 '감정을 듣기'를 다시 한 번 더듬어나가면서 트릭스터가 등장하는 순간까지를 자세히 살펴보고자 한다.

42세의 여성 NF씨는 43세의 남편과 9세의 딸 R과 가족을 이루고 있다. 대학을 나온 뒤 줄곧 전문직에 종사하면서 밑에 부하 직원 네 명을 두고 있다. NF씨가 내원한 것은 R의 문제 때문이었다. 초등학교 3학년인 R이 갑자기 학교에 가고 싶지 않다고 했기 때문이다. 아침에 일어나면 "학교에 가고 싶지 않아. 싫어, 싫다고"라고 말했다. 어떻게든 설득해서 학교에 보내기까지 10분, 20분, 때로는 30분이 걸렸다.

학교에 가면 수업은 조용히 듣지만, 급식을 먹는 것을 싫어했다. 기분이 나쁘고 토할 것 같다고 말하며 남겼다. 하지만 집에서는 밥을 먹었다. 최근에는 아침에 학교까지 데려다주지 않으면 수업을 들으려고 하지 않았다. 업무 때문에 바쁜 NF씨는 곤란을 겪고 있었다.

'혹시 내가 아이를 잘못 키운 건가?', '혹시 R에게 발달장애가 있는 것은 아닐까? 그렇다면 발달장애 검사를 해야 하나?'라는 생각이 들며 NF씨는 불안해졌다.

딸의 등교 거부와 아이의 교육에 대한 불안이 더해져 상담이 시작되었다. NF씨는 어떻게든 이런 문제를 해결하려고 노력하고 있었다.

NF-1 R의 등교 거부 문제를 학교 상담 선생님과도 이야기해봤어요. 상담 선생님은 "학교에 열심히 보내는 편이 나아요"라고 하시더군요. 그 이야기를 딸에게 전달했습니다. 저 역시 딸이 쉬어도 된다고 생각하게 해서는 안 된다고 생각했어요. 그때부터는 어떻게든

등교를 시키고 있어요. 급식 시간이 두렵다고 하면서도 학교에 가고는 있는데……. (중략)

지난주 월요일 아침에 또 "학교까지 데려다줘"라고 말하더군요. 저도 출근해야 해서 말을 잘랐어요. 굳이 소리를 지를 필요는 없었지만 딸의 태도에 짜증이 나서 "무슨 소리를 하는 거야. 제대로 학교에 가! 응석 부리지 말고! 급식도 제대로 먹어!"라고 호통을 쳤어요. 평상시 저와는 다르다고 생각했습니다.

딸은 정신이 없어 보였어요. 저는 지나쳤다고 생각했지만 멈추지 않았어요. 방도가 없었기에 자전거 뒤에 태우고 학교에 데려다주었어요. R은 뒤에서 제 등을 꽉 붙잡고 가만히 있었어요.

학교가 가까워지자 그 손을 풀면서 "엄마 고마워. 나 여기에서 내릴게"라고 말하며 정문으로 걸어갔어요. 역시 제가 데려다주는 모습을 친구들에게 보이고 싶지 않았나 봐요.

서둘러 집에 돌아와서 이미 늦은 출근길을 재촉했습니다. 전철 안에서 생각해보니 제가 정말 싫어져서…… 생각해보니 R이 불쌍했어요. 회사에 가서 업무를 시작하며 생각을 떨쳐냈어요. (후략)

NF씨는 불안을 안고 있으면서 노력하고 있다. '엄청 노력하고 있네요'라고 생각하면서 그 이야기를 조용히, 끼어들지 않고, 가만히 들었다. 들어주기만 해도 말하는 사람의 기분은 편해질 것이다. 일까지 쉬면서 애써 상담을 하러 왔으니 조금이라도 마음의 짐을 덜어주고 싶었다.

어머니에게 보내는 마음의 해설과 조언

섹션의 후반부(시간이 30퍼센트 정도 남았을 때)가 되어 다음 두 가지를 NF씨에게 설명했다. 먼저 R에게 발달장애는 없음을 전달했다. 그 이유는 다음과 같다. 조용히 수업을 들을 수 있는 집중력이 있다는 점, 친구와 이야기할 수 있는데 급식만 먹지 못하는 상태로 증상이 한정되어 있다는 점, 또한 학교가 가까워지자 동급생의 눈을 신경 썼다는 점은 3학년 초등학생 나름으로 사회적 관계를 잘 이해하고 있음을 보여준다.

이런 이해와 마음의 움직임은 발달장애 아이에게는 있을 수 없는 일이다. 이런 이유로 굳이 발달장애 검사를 할 필요는 없다고 전하자 NF씨는 납득하고 안도하는 얼굴을 보였다. 다음으로 R에게 다음과 같이 대응할 수 있도록 조언했다.

"등교 거부와 급식을 먹지 못하는 이유는 심리적인 긴장이므로 집에서 R의 기분을 안심시키면 나을 수 있습니다. 그러기 위해 10분, 20분의 짧은 시간이라도 좋으니 하루 한 번은 R의 이야기를 중간에 끼어들지 말고 가만히 들어주세요."

그리고 방법을 구체적으로 설명했다. "R, 오늘 학교 어땠어?"라고만 묻고 가만히 기다리는 방법이다. 심리상담의 듣는 기술과 같다. "만약 R이 아무 말도 하지 않으면 그날은 그것으로 끝내세요"라고도 덧붙였다. 그것을 어머니에게 실행하게 했다.

간단한 일이지만, 이 책에서 말해온 대로 가만히 듣기는 실행하기 어렵다. 그러나 NF씨는 가능할 것이다. 제대로 된 여성이며 이 섹션 1에서 NF씨는 상대가 가만히 들어주었을 때 안심하는 기분을 체험했기 때문이다. 그것이 기억의 어딘가에 남아 있을 것이다. 내가 섹션이 15분 정도 남았을 때 이 두 가지를 전달하자 NF씨가 말했다.

NF-1 감사합니다. 이야기를 많이 들어주셔서 마음이 편안해졌어요. 계속 혼자서 이리저리 생각했지만, 이야기를 털어놓으니 좋네요. 집에 돌아가면 R의 이야기를 들어보겠습니다.

다음은 2주 후 2회 차 섹션이다.

NF-2 상냥하게 이야기를 들어주라고 하셨기에 R의 이야기를 들으려고 했어요. 하지만 처음에 R은 말을 꺼내려다가 멈추곤 했어요. 제게 걱정을 끼치고 싶지 않아서 신경을 쓰나 싶은 생각이 들면서, 그동안 딸의 기분을 살피지 않은 것을 반성했습니다. "따님이 이야기를 하지 않으면 그날은 그것으로 끝내세요"라는 선생님의 조언을 떠올리며 재촉하지 않고 며칠 기다렸어요. 곧 R은 여러 이야기를 들려주었습니다.

지난주 금요일에는 일이 조금 일찍 끝나서 R이 가장 좋아하는 H가게의 아이스크림을 사 갔어요. 아이스크림에 수박 조각을 올려서 주었더니 매우 기뻐하며 학교나 친구의 이야기를 해주었어요. 저도 아이스크림을 먹으면서 30분은 가만히 듣자고 마음을 다잡았어요. 저도 R도 마음이 누그러진 듯했어요.

돌이켜보면 저는 이제까지 아이가 이야기를 하면 귀찮다거나 집안 일을 방해하지 않았으면 하는 기분이 있었나 봐요. 왜 그랬을까요. 귀엽고, 착한 아이인데……. 그 뒤로 어느새 등교를 거부하는 일은 없어졌어요. 괜찮을지, 또 가기 싫다고 하지는 않을지 걱정도 되지만, 그렇다면 또 이곳(클리닉)에 와서 이야기를 털어놓으면 된다고 생각하니 저도 안심이 돼요.

자기주장을 되찾고 급식을 먹게 된 딸

먹는다는 행위는 인간에게 가장 큰 자기주장이다. 태어나자마자 아기가 처음 주장하는 것은 '젖을 먹고 싶어'다. 자기주장은 나를 내보이는 것이다. 어른이 된 후에도 우리는 매일 가장 큰 자기주장을 하고 있다. 이것이 먹고 싶다, 저것도 먹고 싶다는 표현은 마음이 자기주장을 할 수 있을 만큼 건강하다는 증거다.

R은 얌전한 아이로 친구와 협조하는 일을 우선시하고, 다

른 사람 앞에서 자기주장을 하는 것을 피해왔다. 그러나 급식은 다른 사람 앞에서 자기주장을 하는 행위, 꼭 해야 하는 행위다. 학교에서 자신을 내보이지 않고 조심하고만 있으면 긴장이 높아져서 R처럼 다른 사람 앞에서 자신을 내보이지 못하고 식사도 하지 못하는 일이 있다.

사춘기가 되어 어머니 앞에서 자기주장을 하지 못하는 아이는 거식증이 나타난다. 거식증의 심리적인 원인이 어머니와 딸의 관계(어머니와 딸의 대립)에 있다는 것은 잘 알려져 있다. 또 우울증에 걸려서 자신을 책망하기만 하면 자기주장을 하지 못하게 되어 동시에 식욕이 없어진다. 식욕 저하와 체중 감소는 우울증의 진단 기준 중 하나다. 우울증까지 이르지 않아도 침울해서 자신감이 없어지면 식욕이 떨어지는 일은 누구라도 경험했을 것이다.

R은 어머니에게 이야기를 털어놓고 자신을 인정받았다. 이야기를 하는 것은 자기주장이며, 상대가 이야기를 들어주는 것은 자신을 인정해주는 것이다. 그래서 R은 급식을 먹게 되었다. 어머니에게 이렇게 마음의 해설을 했더니 "그런 부분에서 마음이 이어져 있군요"라고 놀라며 고개를 깊이 끄덕였다.

아이의 마음은 어른과 비교해서 유연하다. 아직 삶의 방식이 굳어지지 않았기 때문이다. 따라서 자기 조직화하는 힘이 작동하기 쉽다. 게다가 초등학교 6학년 정도까지는 아이의 마음이 어머니의 마음과 밀접하게 이어져 있다. 그래서 어머니가 상냥하게 이야기를 들어주면 아이의 마음은 금세 변화한다. 듣는 힘이 가장 발휘되기 쉬운 관계다.

R은 그 후로 가끔씩 학교까지 데려다 달라거나 급식 때 기분이 나빠졌다는 등의 호소는 했지만, 어느새 그 호소도 사라졌고 매일 활기차게 학교에 다녔다. 서툴렀던 체육 시간도 즐거워졌다고 한다.

이렇게 딸의 문제가 해결되었다. 불안과 노력 속에서 상담하러 왔던 NF씨가 R의 이야기를 가만히 듣는 일로 해결된 것이다. 아이의 등교 거부, 은둔형 외톨이, 가정폭력, 비행 문제는 상담을 온 부모(대다수는 어머니)가 아이의 이야기를 가만히 들어주면 대개는 해결로 향한다. 그러나 이것이 어려워서 부모가 가만히 듣게 될 때까지 반년에서 1년 정도 걸리는 일도 많다. 상담자가 가만히 듣게 되는 것과 비슷한 정도의 시간이 걸린다.

부모가 커다란 불안과 긴장을 안고 있는 경우에는 아이의 이야기를 듣고 있지 않다는 것조차 자각하지 못한다. 초조함과 불안 속에서 싸우고 있기에 아이의 마음이 보이지 않는다. 그럴 때 부모는 성급한 조언을 요구한다.

"아이가 말하는 대로 하는 게 좋을까요? 아니면 안 되는 건 안 된다고 엄하게 꾸짖는 게 좋을까요?"

이렇게 구체적인 조언을 요구해온다. 그것도 양자택일로 질문을 한다. 나는 "지금까지 대응한 대로 하시면 됩니다"라고 대답한다. 그 뒤에 "부모님이 여유가 있으실 때 아이가 무슨 말을 하는지 들어주세요. 가만히 들어보면 평소와 다른 말을 할 거예요"라고 덧붙인다. 바로는 무리임을 알고 있어도 가만히 듣는 것만 조언한다.

자신의 불안과 노력을 이야기하고 싶어진다

NF씨의 경우 단기간에 아이의 문제는 해결되었다. 그러나 아이의 문제가 해결되었다고 해서 거기에서 상담이 끝나는 어머니(부모)는 없다. 반드시 자신에 대한 상담에 들어간다. 그 마음의 움직임은 이렇다.

아이의 문제로 만난 상담자가 자신의 이야기를 가만히 들어주니 안심이 된다.

→ 어머니(부모)가 아이의 이야기를 가만히 들어주자 아이가 안심한다.

→ 아이의 문제가 해결된다.

→ 안심한 어머니는 자신이 안고 있던 마음의 불안과 긴장을 깨닫는다.

→ 오랫동안 안고 있던 문제를 해결하고 싶어진다.

이것은 자연스러운 마음의 움직임이다. 아이가 12, 13세 정도까지는 어머니의 마음과 아이의 마음이 동기화되어 있다. 따라서 아이가 지닌 마음의 문제가 곧 어머니가 안고 있던 마음의 문제다. 2회 차 세션 후반에서 NF씨는 다음과 같이 말을 이었다.

NF-2 ……R은 활기를 되찾았어요. 다행이에요. (중략) 사실 저는 예전부터 근처의 내과에서 수면제를 처방받아 먹고 있어요. 매일 밤은 아니지만, 약이 없으면 잠이 오지 않을 때가 있어요. 어젯밤에도 몇 번이나 눈이 떠져서 뒤척였어요. R의 문제가 해결되니 굉장히 피곤해졌어요. 일을 열심히 하고 있지만 힘들고 귀찮다는 기분이 들어요. 이런 적은 처음이에요. 나는 무엇을 위해 일을 하는 걸까. 목표를 잃어버린 듯한…….

일요일에 이런 생각을 하면서 거실에 멍하니 있었더니 R이 다가와 옆에 앉더니 "엄마, 무리하지 않아도 돼"라고 말했어요. 그 말에 깜짝 놀랐어요. 저도 무심결에 "그렇지"라고 대답하고는 그 말에도 놀랐어요.

초등학교 3학년생이나 되면 아이(특히 여자아이)는 어머니의 기분을 어른 못지않게 정확히 읽어낸다. 어머니가 회사에서 어떤 인간관계를 맺고 있는지, 업무 내용이 무엇인지는 잘 모르겠지만, 어떤 식으로 고민하고, 어떤 기분인지 직관하고 있다. 어머니가 회사 일도 집안일도 열심히 하느라 피곤하다는 것을 알고 있다. 모녀의 마음은 직결되어 있다.

그때부터 NF씨는 R의 이야기도 하면서 자신의 이야기를 중심으로 말하기 시작했다. 다음은 3회 차 섹션이다.

NF-3 ……R은 이제 활기가 넘쳐요. 다행이에요. (중략) 수면제가 없으면 잠이 오지 않을 때가 있어요. 어젯밤에도 몇 번이나 눈이 떠졌어요. 마감이 있는 업무를 하고 있는데, 토요일에는 초등학교의 학부모위원회의가 있고, 일요일에는 딸의 피아노 발표회가 있어요. 그렇지 않아도 바쁜 스케줄인데 일이 계속 생기네요.

남편은 딸의 발표회에 따라올 모양인데, 그러면 어떤 준비를 해야 하는지, 일요일 아침에 어떻게 해야 하는지는 생각하지 않아요. 가만히 있으면 평소처럼 아침밥이 나온다고 생각하나 봐요. 정말 짜증이 나요. 맞벌이로 일하면서 가사 분담을 해왔지만, 정말 그것만 하면 되는 줄 아는지…….

저는 요즘 아침에 일찍 일어나는 게 힘들어요. 이번 달까지 끝내야 하는 일이 있는데 진척이 없어서 매일 야근을 하거든요. 그런데 어제는 부장이 "그 업무는 조금 방침이 바뀌어서 말인데"라면서 우리가 해온 준비는 이제 그만해도 된다는 거예요. 거래처와 이야기가 그렇게 되었다고. 하지만 지난주에 제가 확인했을 때는 지금 하는 방식으로 진행하면 된다고 했거든요. 부하 직원과 해온 일의 반 정도가 물거품이 되었어요.

이번에 수정하기로 한 방식은 두 달 전에 제가 제안한 거예요. 그때는 "그런 게 아니야"라고 거부하더니, 그 후 거래처와 이야기가 진행되어 결국 제가 제안한 방식으로 돌아가게 되었어요. 하지만 부장님은 그런 일은 잊은 듯해요. 항상 그때뿐이에요. 업무도 다시 수정해야 해요. 부하 직원에게도 미안하고……. 시간을 맞추지 못하면 거래처에도 피해가 가고…….

Co-3 큰일이네요.

가만히 듣고 감정의 흐름을 바꾸지 않는다

여기까지 온 상황에서 말로 표현되는 감정의 흐름은 불안과 노력이다. 그 배경에 부장에 대한 분노가 있지만, 그것은 표현되지 않고 NF씨는 그 분노를 깨닫지 못하고 있다. 분노를 억압(인내)하고 노력하고 있다. 억압된 분노는 상담자의 마음속에도 분노를 불러일으킨다.

그것을 자각하지 않으면 상담자는 무심코 끼어들고 싶어진다. "부장님이 심하네요. 일이 제시간에 안 되면 부장님의 책임이에요. 그렇게 말해서 부장님에게 책임을 돌리면 되지 않아요?"라는 식으로 말이다. NF씨의 호소에 동조한 나머지 지지하고 승인하고 만다. 감정을 듣지 않으면 그렇게 된다.

감정을 듣고 있으면 "큰일이네요"라고만 하고 NF씨의 이야기를 들을 수 있다. NF씨의 이야기에 찬성도 반대도 하지 않고 그저 괴로운 기분을 듣고 있다는 반응을 보일 뿐이다. 그 증거로 NF씨의 감정의 흐름은 바뀌지 않는다. 불안과 노력의 호소가 이어진다.

NF-3 네, 하지만 열심히 하지 않으면……. 앞으로 남은 일주일 내에 어떻게든 완수해야 해요. 거래처 B씨는 성실한 사람이에요. 이쪽에서 하지 않으면 B씨도 곤란해질 거예요. 정해진 일은 제대로 해야 해요. 하지만 여러 가지 일이 겹치니 시간이 정말 부족하네요.

(후략)

그 후에도 NF씨는 일과 남편 등에 대한 자신의 불안과 노력을 이야기했다. 이렇게 3회 차 심리상담의 50분은 눈 깜짝할 새에 끝났다. 후반에 내가 한 말은 다음과 같다. (참고로 50분 섹션 중에 내가 한 말은 앞서 언급한 "큰일이네요"를 포함해서 세 마디뿐이었고, 그것도 "그렇습니까"와 "음, 역시 그렇군요"였다.)

Co-3 이야기 잘 들었습니다. 일도 육아도 매우 힘들어 보이네요. NF씨가 부장과 부하 직원을 염려하며 일하시는 것, 아이 교육과 집안일을 열심히 하시는 것을 잘 알 수 있었습니다. 참 노력을 많이 하시네요. 다음번에 함께 경과를 보시죠.

NF-3 저는 많이 노력하는 사람이군요. 오늘도 이야기를 많이 할 수 있어서 좋았어요. 감사합니다.

(긴장하면서 상담하러 왔던 NF씨의 얼굴이 편안한 미소로 바뀌었다.)

가만히 감정을 듣게 되면 심리상담이 깔끔하게 진행된다. 내담자가 불안과 노력을 이야기할 때는 그 감정을 듣는다. 그것을 끝까지 들어주면 마음이 평온해지고 다음 감정이 나온다.

불안과 노력에서 우울과 분노로 감정이 깊어진다

R의 문제가 진정되었기에 이후 심리상담은 한 달에 한 번씩 진행되었다. 4회 차, 5회 차, 6회 차의 심리상담(섹션 4, 5, 6)에서 NF씨는 자신의 불안과 노력을 계속 말했다. 그러나 최근 석 달 동안 새로운 내용도 조금씩 덧붙여졌다. 석 달의 경과를 정리하자면 다음과 같다.

NF-4 지난번에 이야기했던 일은 밤을 새서 끝냈어요. 정말 피곤했습니다. 어떻게든 해나가고 있어요. 하지만 가끔씩 갑자기 기분이 가라앉기도 해요.

NF-5 일은 변함없이 바쁘고 끝나지 않은 일이 많아요. 하지만 마지막 힘을 쥐어짤 수가 없어요. 좀 더 열심히 해야 한다고 생각하지만 이제 지쳐서 힘이 나지 않아요. 내일 일을 생각하면 밤에 잠이 안 오네요. 그러니까 아침에 일어나도 피곤이 풀리지 않아요. 속이 좋지 않아서 점심에 식욕도 없고…….

NF-6 역시 일은 변함이 없어요. 항상 바쁘죠. 끝이 없는 업무를 안고 있어요. 부장님에게 휘둘리는 기분이에요. 정말 싫어요. 왜 일을 제게만 시키는 건지, 다른 사람에게도 시켰으면 좋겠어요. 왜 나만 이렇게 열심히 해야 하는지……. 일전에도 제가 마감에 쫓기고 있는 것을 뻔히 알면서도 "NF씨, 서둘러서 이 일 좀 해줘"라고 하더군요.

섹션 4, 5, 6의 세 번의 상담을 통해 반복해서 불안과 노력의 감정이 표현되고 있는데, 그 와중에 우울의 감정이 더해졌다. 노력할 수 없음을 자책하는 마음이다. "좀 더 열심히 해야 한다고 생각하지만 이제 지쳐서 힘이 나지 않아요"에 그것이 드러난다.

심리상담의 진행을 생각하면 2단계 우울의 감정은 1단계 불안과 노력의 감정보다 깊은 수준에 있는 감정이다. NF씨가 더 깊은 고민을 이야기하게 된 셈이다. 괴로워 보이지만 좋은 일이다. 감정을 듣지 못하는 상담자라면 "그런 말을 하지 말고 힘을 내세요"라거나 반대로 "정말 힘드시겠어요. 조금 쉬는 편이 좋겠어요"라는 식으로 말할 것이다.

섹션 6에서 처음 나온 감정이 있다. "부장님에게 휘둘리는 기분이에요", "정말 싫어요", "왜 나만 이렇게 열심히 해야 하는지……"라는 말이다. 이것은 업무나 부장에게 느끼는 불만의 표현이다. NF씨가 부장에 대한 불만을 말로 표현한 것은 이번이 처음이었다.

불만은 불평하는 수준의 감정 표현으로 섹션 5에서 표현된 우울 감정에서 그다음 단계인 분노의 감정으로 가는 중간이다. 분노는 NF씨의 의식에는 오르지 않았다. 의식하고 있다면 "부장님은 완전히 잔혹한 사람이에요. 저 사람이 싫어요"라며 직접적으로 표현했을 것이다.

NF씨는 심리상담 중에 다음 세 가지 감정을 표현했다.

1. 불안과 노력
2. 우울과 자책감
3. 분노

일대일 심리상담 섹션에서 불안과 노력은 말로 하기 쉽다. 이에 비해 우울과 자책은 말하기 조금 어렵고, 분노가 되면 말로 하기가 더 어렵다. 다 큰 어른은 다른 사람 앞에서 분노를 내보이면 안 되기 때문이다.

내담자가 자유롭게 기분을 이야기하게 되면 말하기 어려운 감정도 표현하게 된다. 경청이 보증되면 마음은 자연히 더 깊은 수준으로 나아간다.

고뇌의 원천인 갈등을 이야기하기 시작한다

다음은 섹션 7이다.

NF-7 어떻게든 해보려고 하지만 역시 쉽지 않네요. 여전히 정신없이 일에 쫓기고 있어요. 일전에 너무 바빠서 눈코 뜰 새 없이 일을 하는데, 부장님이 또 "NF씨, 서둘러서 이 일 좀 해줘"라고 하는 거예요. 제가 얼마나 바쁜지 알고 있는 건가 싶었어요. 지금 하는 일도 억지로 떠넘긴 건 당신이라고 말하고 싶었지만…….

저는 "알겠습니다. 어떻게든 해볼게요"라고 웃으며 말했습니다. 정말 이대로는 안 돼요. 점점 일이 늘어나서 쓰러지고 말 거예요. 그런데 아무리 해도 제가 짊어지게 돼요. 그래서 더 피곤해지는, 이 느낌이 정말 싫었어요. 상사에게 업무를 부탁받으면 "제 월급으로 그 일까지는 못하겠습니다"라고 말하는 사람도 있어요. 그렇게 말한다고 그 사람이 해고되는 건 아니잖아요? 전 지금 세 가지 일을 한꺼번에 처리 중이에요.

부장님은 부장님대로 여러모로 바쁘실 테고 다른 일도 하시겠지만, 정시에 퇴근하시는 것 같아요. 저는 야근을 해요. 바보 같지요. 밤 10시, 11시까지 해도 끝나지 않아요.

저는 일 처리가 서투르고 비효율적이에요. 정말 바보 같죠. 어쩌겠어요. 이 정도 일은 다들 소화하겠죠. 그럴 거예요. 하지만 모두 열심히 하고 있으니까 역시 열심히 해야죠. 왜 이 업무를 받았을까요. 하지만 그럴 수밖에 없으니까요. 모두 열심히 하고 있고…….

섹션 7에서 전체를 흐르는 감정은 자신을 책망하는 우울과 억제된 분노다. NF씨는 부장과 회사, 혹은 자기 자신에 대한 분노를 내면에 안고 있다.

"제가 얼마나 바쁜지 알고 있는 건가 싶었어요. 지금 하는 일도 억지로 떠넘긴 건 당신이라고 말하고 싶었지만……."

이것은 부장에 대한 분노다.

"정말 이대로는 안 돼요. 점점 일이 늘어나서 쓰러지고 말 거예요."

이것은 자신에 대한 분노다. 이런 두 가지 분노는 직접적으로 드러나지 않고 억제되어 있다. "부장님은 부장님대로 여러모로 바쁘실 테고"라며 부장에 대한 분노를 억누르고, "이 정도 일은 다들 소화하겠죠"라는 말로 자신에 대한 분노를 억누르고 있다.

분노의 감정을 참고 있을 때 그것은 갈등으로 표현된다. 갈등을 이야기할 때 그것이 듣는 사람에게 주는 인상은 분노를 동반한 고뇌다. NF씨가 이야기하는 갈등의 내용은 "업무는 받아들여서 열심히 해야 한다. 하지만 이제 한계다. 받아들일 수 없다. 열심히 할 수 없다. 심하다"라고 할 수 있다. 그래서 분노를 억누르고 열심히 하려고 하는 기분(성실한 기분)과 이미 한계이고 참을 수 없다는 기분(될 대로 되라는 기분)이 서로 충돌한다. 갈등이 말로 표현되면 심리상담은 가장 큰 고비에 들어간다.

갈등을 듣는 일은 듣기 작업 중에 가장 힘들다. 사람은 타인의 갈등을 조용히 듣고 있을 수 없기 때문이다. 억압된 분노를 듣는 것은 참기 어려운 일이다. 분노를 억누르는 갈등은 누구나 이 세상에 살아가는 한 계속해서 맛보는 괴로운 마음의 작업이다.

갈등을 끝까지 듣는 데는 상담자의 실력이 요구된다. 물론 형태만 생각하면 그저 가만히 듣는 것과 다르지 않다.

03

갈등은 해야 하는 것과 하고 싶은 것의 대립이다

갈등을 듣기 위해 이쯤에서 갈등이 무엇인지 생각해보자.

딸기 찹쌀떡과 케이크, 이것은 망설임인가 갈등인가?

여러분이 카페에서 커피와 디저트를 주문한다고 하자. 커피는 항상 따듯한 블렌딩 커피를 마시는데, 디저트를 무엇으로 할지 망설이고 있다. 이리저리 생각한 끝에 후보는 두 가지로 좁혀졌다. 하나는 뭉실뭉실하고 커다란 딸기 찹쌀떡이고, 다른 하나는 커다란 딸기가 올라간 케이크다.

두 선택지를 두고 이리저리 생각했지만, 10분이 지나도 결정하지 못한다. 찹쌀떡을 고를 것인가, 케이크를 고를 것인가? 고민은 이어진다.

이것은 갈등일까? 갈등이란 분노가 따라오는 고뇌다. 미소를 지으면서 찹쌀떡인지 케이크인지 생각한다면 그것은 갈등이 아니라 그냥 망설임이다. 그런데 한 달 전에 받은 건강검진에서 지방의 과다 섭취를 지적받았던 것이 떠올랐다. 그래서 '지방이 더 적은 것을 골라야 한다'는 규칙이 선택에 적용되었다고 하자. 즉, 지방이 적은 찹쌀떡을 골라야 한다.

찹쌀떡이 먹고 싶다면 문제는 해결되고 좋게 마무리된다. 그러나 오늘은 어떻게든 진한 생크림 케이크가 먹고 싶다면 그때부터 갈등이 생긴다.

즉, 갈등이란 이렇게 해야 한다는 규칙 A(지방을 제한해야 한다)와 그것에 따르지 않는 감정 B(어떻게든 생크림 케이크가 먹고 싶다)의 충돌 속에서 어떻게든 규칙 A를 일관하려고 할 때 생기는 고통이다. 이때 우리는 규칙에 대해 어딘가에서 분노를 느낀다. 규칙 A를 명령한 건강검진에 대한 분노인지, 지방의 과다 섭취를 방치했던 자신에 대한 분노인지, 아니면 그 모두일 수도 있다.

고민의 원천인 갈등을 정의한다

이 책 내용에 따라 다시 갈등을 정의하자면 〈표 5〉가 된다.

〈표 5〉 갈등의 정의

갈등의 정의: 갈등이란 규칙 A와 감정 B의 대립 속에서 규칙을 지키려고 고민하는 것	
살아가는 규범 A = 생활의 규칙	현실의 감정 B = 괴로움, 분노
예: 부탁받은 일은 제대로 완수해야 한다.	예: 너무 바쁘고 피곤해서 이제 쉬고 싶다.

갈등은 이렇게 해야 한다는 살아가는 규범 A(생활과 일의 규칙)와 그것에 따르지 않는 현실의 감정 B(이렇게 하고 싶다, 싫다, 괴롭다)가 충돌하면서 어떻게든 규칙을 일관하려고 할 때 생기는 괴로움이다.

NF씨의 예로 설명하자면 살아가는 규범 A는 부장에게 부탁받은 업무를 제대로 완수해야 한다는 업무 규칙이다. 이것은 NF씨의 내면에서 집안일과 아이 교육을 제대로 해야 한다고 생각하는 것과 같다. 게다가 아침에 힘들어도 세수하고 몸을 단장하고 화장까지 하고 출근하는 것, 밤에는 양치를 한 다음 잠을 자는 것 등 생활과 인생 전체의 규칙이기도 하다.

살아가는 규범 A는 생활의 규칙이며, 업무의 규칙이며, 인생관이며 세계관이기도 하다. 그것은 서로 밀접하게 이어져 체계화, 조직화되어 있다. 그래서 업무는 적당히 하고 집안일만 제대로 하는 대담한 행위는 불가능하다. NF씨는 그 규범을 지키면서 계속 살아왔다. 일이 힘들기 때문에, 부장의 행동이 심하기 때문에 갑자기 전체의 규칙을 바꿀 수는 없다. 규칙은 전체가 한 묶음인 것이다.

현실의 감정 B는 그 당시의 솔직한 기분으로 이미 지쳐서 일을 할 수 없는 것이다. 아침에 7시에 일어나지 않으면 회사에 제때 도착할 수 없지만 오늘은 몹시 졸려서 자고 싶은 기분, 지방 제한을 위해 찹쌀떡을 선택해야 하지만 오늘은 케이크를 먹고 싶은 기분도 현실의 감정 B에 속한다.

일상생활 속에서 우리는 언제나 사소한 갈등을 안고 있다. 그것은 '아침에 일어날 시간이지만 더 자고 싶다', '점심시간이 되려면 조금 남았지만 배가 고파서 밥을 먹고 싶다' 같은 갈등이다. 그러나 이런 갈등, 즉 규범 A와 감정 B의 대립은 커다란 괴로움을 주지는 않고, 대개의 경우 규범과 감정을 타협해서 일치시킨다.

예를 들어 아침에 일어나기가 괴롭지만, 힘겹게 몸을 일으켜 세수를 하면 상쾌한 기분이 되어 '자, 오늘도 열심히 하자'라고 생각하게 된다. 또 점심시간을 앞두고 배가 고프지만 그때까지 남은 시간에 오늘의 점심 메뉴를 고르면서 기대하면 점심시간까지 좀 더 노력할 수 있다. 이렇게 조절을 거쳐 규범 A와 감정 B가 일치된다.

인생을 짜는 날실을 교체한다

규범을 지키면 자신감이 생기고, 감정이 채워지면 기쁨을 얻는다. 이런 규범과 감정이 해결되는 흐름은 매일 우리의 내면에서 반복되면서 생활을 엮어나간다. 인생을 하나의 직물에 비유하자면 규범 A는 날실(세로로 놓인 실), 감정 B는 씨실(가로로 놓인 실)이 된다.

날실은 인생이라는 직물을 튼튼하게 만드는 중요한 구조로, 인생을 지속시키는 기반이다. 씨실은 그곳에 예쁜 무늬를 새기는 인생의 즐거움과 활력소다. 날실이 없으면 모양이 표현되지 않는다. 또 날실은 한 번 엮으면 간단히 바꿔 넣을 수 없다. 날실이 있어서 인생은 안정된다.

그러나 사람은 살면서 몇 번쯤 날실을 바꿔 넣거나 덧붙이는 작업을 해야 한다. 처음의 커다란 교체 작업은 사춘기다. 그때까지 부모에게 배운 대로 만들어진 직물에 의문을 품기 시작해서 자신의 인생을 만들고자 한다. 부모와는 다른 것, 자기다운 것을 원하고 부모에게 반항하거나 굳이 다른 것을 선택하거나 이런저런 고민을 통해 자신을 만든다. 부모에게 배운 것과 그것에 의문을 품은 기분 사이에서 갈등한다. 감정을 규범에 맞춰 해결하지 않고 규범을 (어느 정도) 다시 만들어 감정과 규범을 조화시킨다.

두 번째 교체 작업은 30대 전반에 사회적으로 안정되고 결혼해서 가정을 꾸리는 시기, 혹은 혼자라도 어른으로서 안정된 생활을 만들어냈을 무렵이다. 성인기의 심리 발달이라고 하겠다. 이 시기에 교체가 원활하게 진행되지 않고 강한 갈등이 일어나면 우울증에 걸리는 경우도 있다.

세 번째 교체 작업은 40세부터 50세 사이의 중년기다. 일과 가정, 자신의 인생은 안정을 얻었지만, 계속 열심히 달려온 탓에 피로해졌으므로 인생의 후반을 향해 삶의 방식을 조금 바꾸지 않으면 괴로워진다.

네 번째는 60세부터 65세 무렵이다. 정년퇴직, 은퇴, 자식의 독립 등이 이루어지는 시기다. 인생의 끝을 향해 가면서 어떻게 살아야 할지 고민하는 심리 과제를 달성해야 한다.

각 시기마다 사람은 마음의 갈등을 안고 고민하며, 삶의 방식을 수정해간다. NF씨처럼 아이가 등교를 거부해서 전문 심리상담을 받는 일도 있지만, 대다수는 그렇게까지 하지 않고 스스로 해결해간다.

독자 여러분은 앞에서 언급한 네 가지 시기 중에서 어디까지 와 있는가? 일단 처음 사춘기 갈등을 경험하지 않은 사람은 없을 것이다. 그때 자신이 어떤 날실을 교체했었는지 한 번 생각해보자.

삶의 방식을 바꾸는 갈등의 절정

NF씨가 안고 있던 커다란 갈등은 간단히 해결될 것 같지 않았다. 지금까지 그녀는 몇 년 동안 수없이 열심히 마음을 다잡아 규범 A(규칙)에 감정 B를 일치시켜왔지만, 이제 한계에 직면했다. 감정 B는 분노에 이르렀다. 분노를 억제해온 규범 A는 약해지고 점차 분노가 우세해졌다. 날실을 다시 짜야 할 시기가 찾아오고 있었다. 다음은 섹션 8이다.

NF-8 괴로워요. 이제 몸이 너덜너덜해졌어요. 앞으로 나아갈 수 없는 기분이에요. 일을 관두고 싶어요. 밤에 잠도 오지 않아요. 어제도 늦게까지 회사에 있다가 집에 돌아가서 잠자리에 누운 것이 2시였어요. 아침 7시 전에 눈을 떴으니, 4시간밖에 못 잤어요. 쉬고 싶어요. 하지만 마감이 있으니 쉴 수가 없네요. 모든 것을 내던지고 어딘가로 떠나고 싶어요.

하지만 그럴 수 없겠죠. 모두에게 피해를 줄 테니까요. 어떻게 하면 좋을까요? 그냥 앞으로 나아가는 수밖에 없겠지만, 부장님에게 부탁해서 방법이 없는지 묻고 싶네요. 물론 부장님은 아무 생각이 없을 거예요.

NF씨는 계속해서 괴로운 속마음을 토로했다. 열심히 해야 한다는 규범과 이제 노력할 수 없다는 감정이 충돌하고 있었다. 그러나 섹션 7과 섹션 8을 비교하면 명백히 감정이 우세해졌다. 즉, 섹션 7에서 NF씨는 노력하고 있었다. 괴롭지만 노력하는 자신에게 의문을 품지 않았다. 노력할 수 없는 자신을 책망하면서 침울해했지만, 방법이 없다고 생각했다. 그런데 섹션 8에서는 "이제 안 돼요. 노력할 수 없어요"라고 단정했다. 그녀의 노력은 중단되어 "괴롭고 힘들다"고 호소하는 감정을 억제하지 못하게 되었다. 이어서 섹션 9를 보자.

NF-9 힘들고 괴롭고 지쳤어요. 이제 안 돼요. 일을 관둘까 싶었어요. 남편에게 상담했더니 "그런 회사는 관둬도 돼. 잠시 쉬는 게 어때?"라고 말해주었어요. 저는 이렇게 일을 하는데 부장님은 업무 진행을 잘 몰라요. 보고도 못 본 체를 하는 건지, 아예 일은 신경도 안 쓰는 건지 모르겠지만, 어느 쪽이든 심하잖아요. 저런 부장

밑에서 일하면서 내가 망가지는 게 싫어요. 부서 이동이나 퇴직을 생각 중이에요.

지금까지 어떻게든 하려고 했지만, 이런 일로 제가 쓰러지는 건 싫어요. 저 부장은 무능해요. 이번에 들어온 파견사원과 업무 중에 축구 이야기에 열을 올리더군요. 그럴 시간이 있으면 업무를 빨리 가르쳐서 일을 시키라고 말하고 싶었어요. 저 부장은 수준이 낮아요. 정말로…….

NF씨는 여기에서 처음으로 분노를 표출했다. 좀 더 직접적인 표현이 등장한다. '규범 A 열심히 해야 한다'와 '감정 B 이제 노력할 수 없다'의 대립은 감정이 더 우세해져서 그 내용도 "노력할 수 없다. 괴롭다"에서 "노력할 수 없다. 이제 싫어!"로 변화했고, "이런 일을 열심히 하는 건 바보 같다"까지 왔다. 규범 A가 세력을 잃고 분노가 전면에 나온 것이다.

분노는 파괴하는 힘이며 규범 A를 깨뜨린다. 그래서 갈등의 내용이 크게 바뀐 것을 알 수 있다.

04

고민의 구조와 해결을 향하는 갈등의 3단계

사람의 고민을 만드는 갈등은 3단계로 진행된다. 그것을 〈표 6〉에 나타냈다.

갈등의 1단계.
고민의 발생과 자책: 고민의 구조에 사로잡히다

이 시기에는 불안과 노력, 우울의 감정이 우세하다. 우리의 일상생활은 이 수준의 갈등을 안고 살아간다. 일반적으로 살아가는 규범 A와 생활의 감정 B의 대립은 커지는 일 없이 적당히 조화를 이룬다고 설명했다.

그러나 인생의 어느 시기에 규범 A와 감정 B 사이에 커다란

〈표 6〉 갈등(고민)의 3단계

	마음 상태/감정	규범 A와 감정 B의 대립	규범	감정
1단계	〈고민의 발생과 자책〉 1계층 불안과 노력 2계층 우울	규범 A를 지키려고 노력하지만 그럴 수 없어서 자책한다.	○	×
2단계	〈감정의 인정〉 3계층 분노의 표출	감정 B를 인정해서 규범 A에 분노를 돌린다.	×	○
3단계	〈갈등의 붕괴〉 5계층 슬픔과 체념	규범 A도 인정하고 감정 B도 부정하지 않는다.	△	△

차이가 생기면 A와 B 사이의 갈등이 강해진다. 처음에는 규범 A를 지키려고 노력하지만, 제대로 되지 않으면 "이런 일로 노력하지 못하다니 한심해. 바보 같아"라고 자책한다. 이것이 고정되어 한동안 지속되면 괴로움과 불안을 자각하게 된다.

고민의 발생은 공통적으로 이런 구조를 가지고 있다. 즉, 강한 갈등이 한동안 지속되는 것이 고민의 본질이다. 사람은 이 고민의 구조 속에 사로잡혀 괴로워한다. 고민의 형식은 A를 통해 봤을 때 B의 한심한 자신을 비판하는 일이다. 즉, 다음과 같다.

[규범 A(○) → 감정 B(×)]

규범 A에 따르지 않는 자신을 비판한다. 성실, 긍정, 노력이 결국 자책을 만들고 자기 자신에게 분노를 돌린다. 그것은 우울한 감정을 만들어 고민이 이어진다. 이 시점에서 자신은 의심 없이 규범 A를 믿고 있으므로 규범 A 자체는 의식되지 않는다. 즉, 자신이 믿고 있는 어떤 규범이 자신을 비판하는지 모르는 채 고민하고 있다. 규범 A를 통해 봤을 때 형편없는 자신(=감정 B)이 눈에 보이는 고민의 전부이며 의식의 중심을 차지하고 있다.

NF씨는 섹션 4, 5, 6에서 반복해서 불안과 노력을 이야기했고, 점차 업무를 소화하지 못하는 자신을 책망하게 되었다. 책망하는 자신은 규범 A에 따르려고 하는 자신이며, 책망받는 자신은 그것에 따르지 않는 자신이다.

계속 자책하면서 노력하면 사람은 결국 같은 자리를 뱅뱅 도는 느낌을 받는다. 항상 같은 일만 생각하면서 제자리걸음만 해서 고민이 해결되지 않는 상태다. 이때 자신이 고민하고 있다는 사실을 자각한다.

같은 일을 반복하다 보면 사람은 싫증이 나서 자신을 객관적으로 보게 된다. 객관적으로 보는 것은 고민의 구조 속에 사로잡혀 있던 자신을 자각하는 일이다. 자연히 갈등(=고민)은 2단계로 진행된다.

갈등의 2단계.

감정의 인정: 고민의 구조를 자각한다

이 시기에는 분노의 표출이 감정의 커다란 부분을 차지한다. 2단계에서는 현실의 기분 B를 다시금 느끼고 그것을 인정하게 된다. 노력할 수 없는 자신의 마음을 정당화하고, 뻔뻔하게 나온다.

"이런 괴로운 생활은 이제 싫어!", "왜 이렇게 매일 괴로워해야 하는 걸까"라거나 "더 이상 해나갈 수 없어"라고 감정 B를 인정하는 기분이 강해진다. NF씨의 경우에서는 부장에 대한 분노가 직접적으로 표출되었다. 분노는 동시에 오로지 노력해왔던 자신, 억지로 노력하는 자신에게도 향한다. 이런 일을 고지식하게 하는 자신이 바보 같다고 말하기 시작했다. 즉, 감정 B를 긍정하고, 규범 A에 대해 반항하고 부정하는 것이다.

[규범 A(×) ← 감정 B(○)]

"B가 어때서?"라고 반발하고 나서야 감정 B와 대립하는 사고방식으로 규범 A를 의식하게 된다. 자신이 저도 모르게 지켜온 규범 A가 자신을 속박해서 억지로 노력하게 했음을 자각하면서 처음으로 사고의 대상이 된다. 지금까지의 삶의 방식을 되돌아보고 계속 이대로 좋은지 생각한다. 이 단계에서 사람은 고민의 구조를 자각하고 그곳에서 빠져나가려고 한다. 고민을 객관적으로 보기 시작하는 것이다.

NF씨의 예에서는 "뭐든지 열심히 해야 한다고 생각해왔지만, 그게 맞는 거야?"라고 자신의 노력을 부정하고 "저는 야근을 해요. 바보 같지요"(섹션 7)라고 말하고, 또 자신의 노력의 대상인 부장에 대한 비판으로 "부장님은 업무 진행을 잘 몰라요. 보고도 못 본 체를 하는 건지, 아예 일은 신경도 안 쓰는 건지 모르겠지만, 어느 쪽이든 심하잖아요. 저런 부장 밑에서 일하면서 내가 망가지는 게 싫어요"(섹션 9)라고 확실히 감정 B를 인정하고 있다.

회사를 관두겠다며 분노를 표현하고, 상담자에게 그 분노를 털어놓으며 NF씨는 편해졌다. 상대가 기분에 동조하면서 들어주면 마음이 즐거워진다. 이렇게 NF씨는 자신의 분노(감정 B)를 정식으로 인정할 수 있었다. 회사를 관두겠다거나 부장에게 수준이 낮다고 직접적으로 표현하는 것은 듣기만 해도 속이 시원해진다.

그러면 이후에는 어떻게 되었을까? 물론 고민 자체는 아직 해결되지 않았다. 당분간은 1단계와 2단계 사이에서 흔들릴 것이다. 분노한 채 회사를 그만둔다면 생활에 어려움이 생긴다. 남편에게 대등하게 맞설 수 없을지도 모른다. 인생 자체를 꾸릴 수 없을지도 모른다. 그래서 회사를 당장은 그만둘 수 없다. 즉, 규범 A도 소중하다. 한편으로는 이미 넘쳐흐르는 분노를 멈출 수도 없다. "이런 일, 할 수 없어요"라고 말하는 자신의 마음에도 정직하다.

규범 A도 중요하지만 감정 B도 부정할 수 없다. 여기에서 A와 B가 대등하게 마주하는 3단계가 된다.

갈등의 3단계.
갈등의 붕괴: 고민의 구조에서 빠져나오다

이 시기에는 슬픔과 체념의 감정이 조용히 퍼진다. 규범 A와 감정 B 사이에서 한동안 흔들린다. 1단계 규범 A를 우선하는 마음(회사를 갑자기 관둘 수 없다)과 2단계 감정 B를 우선하는 마음(이제 못하겠다, 부장은 잔혹하고 나는 어리석다)을 왔다 갔다 한다. 하루는 열심히 일을 하고, 다른 하루는 이제 못하겠다며 분노를 인정하고, 다음 날은 또 노력하고……. 둘 사이에서 흔들린다.

이 과정을 반복하다 보면 규범 A를 객관적으로 보면서 감정 B도 객관적으로 보게 된다. '나는 이런 일로 화를 내는구나'라고 감정 B를 자각하는 것이다. 객관적으로 보는 것은 인식하는 대상에서 스스로 거리를 두는 일이다. 사로잡혀 있던 대상에서 멀어져 그것에 속박되지 않게 된다. A에서 멀어지고 B에서도 멀어지면 A도 B도 있다는 일종의 체념 같은 시점이 생긴다.

A와 B 사이에서 격일로 왔다 갔다 하던 것이 1시간 간격이 되고 그보다 더 짧아지면 A와 B 사이에서 고속으로 흔들리게 된다. 이렇게 되면 A와 B가 서로 겹쳐진다. 서로 상용할 수 없는 존재가 겹쳐지면 A와 B의 대립, 즉 갈등은 힘을 잃게 된다. 이것이 갈등(=고민)의 붕괴다. 이제 고민의 구조에서 빠져나간다.

양쪽의 마음을 다 이야기하고, 다 느끼고, 사고와 감정의 빠른 흔들림이 마침내 갈등을 붕괴시킨다.

[규범 A(△) ↔ 감정 B(△)]

'양쪽 다 있어. 이것은 어쩔 수 없구나', '해결이 안 돼', '나도 잘 모르겠어', '그런데 애초에 나는 도대체 무엇을 고민했던 걸까?'

A와 B가 서로 대립해서 받아들일 수 없는 마음의 상태지

만, 그것이 동시에 존재한다고 자각한다. 괴로움은 절정을 넘어 어느 쪽으로도 움직일 수 없는 갈등 속에서 깊은 절망과 해방이 뒤섞인다. 그러면 지금까지 마음에 그려보지 못했던 감정이 솟아난다.

[규범 A(△) ↔ 감정 B(△) → C(아무렴 어때)]

C(아무렴 어때)는 마음의 해결이다. 마음의 해결이 따라온 것처럼 현실에서도 해결이 일어난다. 트릭스터가 등장하는 것이다.

마음이 먼저 고민을 해결한다

NF씨의 심리상담도 이 수준까지 도달했다. 마음이 먼저 해결에 도달하고, 그 뒤를 따르는 것처럼 현실에서 해결이 일어난다. 다음으로 섹션 10을 보자.

NF-10 어떻게든 일은 하고 있지만, 역시 피곤해요. 뭔가 이제 방법이 없는 기분이에요. 일을 관둘까도 생각했어요. 하지만 힘들게 쌓아온 일이라서……. 그렇다고 이대로 계속 할 수도 없고요. 정말 어리석은 일이지요. 저런 부장 밑에서 일하면서 내가 망가지는 것은 손해니까요.

세 가지 일 중에 하나는 지난주에 그럭저럭 끝냈어요. 마감 직전에 사흘은 막차 시간까지 야근을 했어요. 또 하고 말았네요. 하하. 남은 두 가지 일은 내버려두고 있어요. 어떻게 될지 모르겠네요. 부장에게는 말해도 통하지 않으니까 말은 하지 않지만, 적어도 제 살을 깎으면서 일하는 것은 관뒀어요. 퇴직이나 이직, 부서 이동도 생각했는데, 당장 죽는 건 아니니까 좀 더 상태를 지켜볼까 여러 생각이 들어요.

사흘 야근한 뒤로 이제는 별로 야근을 하지 않아요. 가끔씩 빨리 집에 가서 한숨을 돌리며 맥주를 마셔요. 맛있어요. 딸이 "요즘 엄마 조금 여유가 있네"라고 말해요. 저 아이는 어디까지 알고 있는 걸까요? 딸은 요즘 학교에서 배턴 트월링이라는 운동에 열중하고 있어요.

A와 B의 긴장관계인 갈등이 붕괴해서 NF씨의 기분이 차분해졌다. 자신을 객관적으로 보고 있다. 체념이나 방치하는 느낌이다. 배경에 흐르는 슬픔은 조용하다.

"(야근을) 또 하고 말았네요. 하하"라고 웃음이 나왔다. 여기서 웃음의 본질은 긴장이 갑작스럽게 해소되었음을 의미한다. 정신적으로 긴장했던 것이 어떤 순간에 풀리면 웃음이 나오게 된다. 개그 프로그램에서도 관객이 예측하는 이야기의 흐름을 뒤집어 다른 흐름을 만드는 방식으로 웃음을 끌어낸다.

NF씨가 웃는 것은 "밤을 새서라도 일을 끝내야 한다"는 예전의 삶 속에서 긴장했던 자신을 자각했더니 그것이 바보처럼 느껴지면서 긴장이 해소되었기 때문이다. 그 순간 NF씨는 괴로운 삶의 방식에서 멀어졌다. 고지식한 자신, 노력해온 자신이 선명하게 보여서 "잘 해왔구나"라고 자신에게 말했을지도 모른다. 마음은 갈등에서 자유로워졌다. 고민의 구조에서 탈피한 셈이다.

그 뒤로 현실의 해결이 나타난다

이때 트릭스터가 나타난다. 마음을 속박해서 사람의 고민을 만들어내는 것은 오래된 현실과의 조절이 불가능해진 규범 A, 즉 규칙, 규범, 도덕이다. 이런 것은 사람이 모두 함께 살아가기 위해 필요하지만, 유통기한이 지나고 나면 오히려 마음을 속박해서 고민을 만들어낸다.

규범에 속박당해서 괴로워하는 X씨가 있다. 다른 사람과 함께 살아가려면 규범을 지키기 위해 열심히 노력해야 하지만, 이미 지쳐서 그럴 수가 없다. X씨는 매일 괴로워하고 있다. 그곳에 규범을 깨뜨리는 장난꾸러기 트릭스터가 나타나서 X씨의 무릎을 뒤에서 친다. 심각하게 고민하고 있던 X씨는 "뭐하는 거야!"라고 화를 내지만, 비틀거리며 넘어진 순간에 규범을 깨뜨리고 만다. 마음을 고쳐먹고 옷에 묻은 먼지를 털어내면서 일어난 X씨는 다시 규범을 지키지만 이상하게도 이제는 괴롭지 않다. 규범은 규범이고, 자신은 자신인 것이다. 마음이 매우 편해져서 트릭스터에게 고마움을 표현하려고 했더니 그는 이미 없다.

삶의 방식이 바뀌어 고민이 사라질 때 이런 일이 일어난다. 트릭스터는 무의식이 만들어낸 자기 조직화의 힘이다. 자연스럽게 찾아와서 필요가 없어지면 사라진다. 새로운 조직화가 일어날 때 오래된 것의 일부를 깨뜨리지 않으면 안 된다. 그것이 무릎을 치는 일이다. NF씨의 경우 트릭스터는 부장과의 대화 속에서 등장해서 NF씨에게 뜻밖의 발언을 하게 했다.

이야기하고, 느끼고, 이해하고, 기다리면 해결된다

NF씨의 심리상담 섹션 11을 보자.

NF-11 네, 그럭저럭 지내고 있어요. 업무는 변함없이 바쁘고 시간에 쫓기고요. 지난주 정신없이 바빠서 부리나케 일하고 있는데, 부장님이 부르시더니 "NF씨, 서둘러서 이 일 좀 해주겠어?"라고 하시더군요. 제가 얼마나 바쁜지 알면서. 지금 하는 일도 억지로 떠넘긴 건 당신인데. 평상시라면 "알겠습니다. 어떻게든 해볼게요"라고 말했을 텐데 그때 무심코 제 입에서 이런 말이 나왔어요.

"안 돼요. 지금은 할 수 없어요!"

저는 단호하게 말했어요. 그리고 제 자신에게 놀랐어요. 그 이상으로 부장님이 깜짝 놀라신 듯하더군요. 여우에게 홀린 것처럼 멍한 얼굴로 "아, 아아…… 할 수 없……군요"라며 입을 다물었어요. 저는 바로 그곳을 떠나서 제 자리로 돌아왔어요. 자리에 앉고 나자 냉정하게 그런 말을 한 제가 대단하다는 생각이 들었어요. 이런 일도 일어나네요.

Co-11 잘하셨어요. 대단해요. 단호히 거절하셨네요.

NF-11 네, 맞아요. 어떻게 이런 일이 일어났을까요?

Co-11 그건 NF씨가 자신의 마음속을 깊게 탐구하고 정리했기 때문이겠죠. 마음을 정리하면 인내하고 쌓아왔던 감정이 해방돼서 그때부터 삶의 방식이 새롭게 연결돼요. 이번에는 머릿속에 무리한 일을 부탁받으면 할 수 없다고 거절하는 회로가 만들어진 거예요. 다행입니다.

NF-11 덕분이에요. 감사합니다. 이곳에서 제 기분이나 생각을 이

야기해서 그렇게 된 거예요. (후략)

Co-11 그런데 NF씨가 오랫동안 인내해온 감정이 무엇인지 알고 계세요?

NF-11 음……. (한동안 NF씨는 마음속을 살피는 듯했다.)

……공포예요. 저는 계속 그 부장님이 무서웠어요. 제대로 하지 않으면 안 된다고, 제대로 하지 못하면 미움받을 거라고……. 그래서 깨달은 것은 제가 계속 사람을 겁내고 무서워했다는 거예요. 그래서 거절하지 못했나 봐요. 지지난 주의 일인데, 오랜만에 한밤중에 눈이 떠져서 침대에 걸터앉았어요.

잘 기억은 안 나지만, 세상 사람들에게 따돌림당하는 꿈을 꾼 것 같아요. 눈을 뜨니 무서운 감정이 엄습했어요. 조금 멍하니 있다가 다시 누웠더니 잠이 들었어요.

Co-11 NF씨 다행이네요. 꿈에서 공포도 흘러갔고, 마음이 후련하겠어요.

NF-11 네?

Co-11 아마 계속 느끼고 있던 공포가 흘러나가서 자신에게서 사라지는 체험을 했을 거예요. 공포는 열심히 해야 한다는 생각의 근본에 있던 감정이에요. 기분 변화가 큰 시기에 그것이 나와서 흘러간 거예요. 그러자 열심히 해야 한다는 완고한 생각이 부드러워졌고요.

NF-11 아, 연결되어 있는 거군요. 알겠어요.

Co-11 마음은 깊은 곳에서 이어져 있어요. 그것이 보이면 괴로움과 고민은 사라져요. 기분을 말로 표현해서 자신을 느끼고, 마음을 정리하고, 기다리고 있으면 자연히 고민은 사라져요.

NF-11 알겠어요. 이야기하고, 느끼고, 이해하고, 기다리면 해결된다는 거네요. 맞아요. 그대로였어요.

Co-11 이제 여러 일이 어떻게든 되겠지, 하고 생각할 수 있죠?

NF-11 그래요. 어떻게든 되겠죠. 최근 제 말버릇이 "아무렴 어때"예요. "아무렴 어때. 어떻게든 되겠지"라고 자주 자신에게 말하고 있어요. 마음이 편해지거든요. 그러고 보니 또 딸에게 이런 말을 들었어요. "요즘 엄마는 마음이 편해 보여"라고요. 참 재밌죠. 하지만 이번에는 제대로 답을 했어요. "너도 운동에 빠진 마음 편한 초등학생이구나"라고요. 그러자 딸이 "응, 꼭 그런 건 아니지만, 뭐 친구는 여럿 있으니까"라고 말했어요.

Co-11 기분이 크게 변하셨네요.

NF-11 네.

깊게 고민하고, 그 바닥에 있는 분노를 느끼고, 자신을 객관적으로 보게 되면 새로운 말을 발견해서 삶의 방식이 바뀐다. NF씨는 "할 수 없어요"와 "아무렴 어때"라는 말을 찾은 듯하다.

불안을 봉인하기 위해 만들어진 규칙

살아가기 위한 규칙, 그것은 다 함께 사이좋게 안심하고 살아가기 위해 필요한 것으로, 오랜 시간 동안 여러 가지 합의를 통해 정해진 것이다. 규칙이 있으면 우리는 생활의 불안에 일일이 휘둘리지 않고 안심하며 살 수 있다. 한편 규칙은 한 번 정해진 이상 지켜야 하고, 깨뜨리면 안 된다는 강제가 작용한다. 이렇게 우리는 규칙을 지키며 살아간다.

스포츠 규칙도 마찬가지다. 스포츠 규칙은 싸움을 즐기기 위해 만들어졌는데, 시합 중에는 그것을 지켜야 한다. 어기면 퇴장을 당한다.

인생의 규칙은 그것보다도 더 강해서, 어기면 인생에서 퇴장될 수도 있다. 즉, 사회에서 쫓겨나 따돌림을 당하므로 깨뜨리면 안 된다는 강한 공포가 있다. 그러나 일반적으로 이런 불안과 공포는 그만큼 커지지 않고, 어긴다고 해도 NF씨처럼 꿈속에 나오는 정도다.

죽음의 공포를 봉인하기 위한 불합리한 규칙

그러나 학대당하며 자라온 사람의 경우 규칙을 어기면 안 된다는 공포심이 매우 커서 인생 전체를 속박한다. 극단적인 이야기지만 그들을 예로 들어 설명하겠다.

어린 시절 부모에게 불합리하게 위협을 당하거나 심하게 꾸중을 듣거나 이유 없이 폭력을 당했다면 아이는 죽음의 공포를 계속 느낀다. 실제로 죽여 버린다거나 어두운 숲에 버리고 온다고 위협당하는 일이 있다. 아이는 그 공포를 참을 수가 없다.

그래서 공포를 잊기 위해 스스로 규칙을 정한다. "나는 응석을 부리지 말고 참아야 한다. 그렇게 하면 죽지 않는다"는 규칙이다. 살기 위한 규칙이다. 물론 규칙을 지킨다고 해서 죽지 않는다는 보장은 없지만 공포를 억압하고 무언가를 믿고 살아가기 위해 그 규칙이 필요하다.

억압이라는 것은 자신의 생존을 위협하는 감정을 무의식 중에 억누르고 뚜껑을 덮어 의식에 올라오지 않게 하는 일이다. "노력하면 괜찮아", "성실하게 하자. 그렇게 하면 괜찮아", "다른 사람에게 미움받지 않도록 하자. 그렇게 하면 괜찮아"라는 식으로 규칙이 공포를 덮기 위해 필요하다.

어른이 되어 평범한 생활이 가능해지면 이제 어린 시절에 당한 학대의 공포를 덮어둘 필요는 없지만, 한 번 봉인된 뚜껑은 쉽게 열리지 않는다. 한 번 정한 규범을 깨뜨려서는 안 되기 때문이다.

규칙과 불안, 공포의 관계를 학대로 예를 들어 설명했다. 평범한 가정에서 자란 사람에게는 극단적인 예일지도 모른다. 그러나 규칙을 만들어 생활을 규제하고, 불안에 휘둘리지 않도록 하는 구조는 똑같다.

열심히 살아간다

NF씨의 경우로 돌아가자. 그녀는 학대를 당했던 것은 아니지만 살아가기 위한 규칙이 다른 사람보다 조금 엄격했던 듯하다. "다른 사람에게 미움받지 않도록 하자"라는 규칙이 무의식중에 불안과 공포와 결부되었으므로 부장의 무리한 요구를 거절할 수 없었다. NF씨는 갈등을 마주하고 그것을 해소했다. 그때 공포가 흘러나와 꿈에 등장한 것이다.

열심히 살아간다는 것은 그런 불안과 공포를 어딘가에 끌어안고 노력하는 일이다. 마음의 구조는 매우 흥미롭다. 심리상담은 이제 필요 없어진 뚜껑을 열어 봉인된 감정을 해방하는 작업이다.

가만히 경청해주면 뚜껑은 자연히 열린다. 뚜껑을 열어 참아온 불안과 공포를 보는 순간은 조금 무섭지만, 천천히 하면 괜찮다. 게다가 대개는 트릭스터가 나타나서 현실의 해결책을 가르쳐준다. 다시 말하지만, 트릭스터는 내담자의 내면에서 자기 조직화하는 힘이다.

05

정신적 붕괴를 가져올 만큼 커다란 갈등

갈등의 해소가 삶의 방식을 바꾼다. 학대를 받아온 사람은 이 갈등이 매우 강해서 억압된 공포도 크다고 설명했다. 그런 경우 갈등의 해소가 단순히 삶의 방식을 바꾸는 데 그치지 않고 삶의 방식을 뿌리부터 파괴하는 경우가 있다. 즉, 한 번 정신적으로 죽었다가 다시 태어날 만큼 커다란 변화를 몰고 오는 것이다. 그 예를 소개한다.

나는 정신적으로 죽는 것을 블랙아웃이나 정신적인 붕괴라고 부른다. 블랙아웃의 경우 트릭스터는 등장하지 않는다. 트릭스터는 자기 조직화의 힘이지만, 그 힘은 다른 형태로 출현해서 내담자를 돕는다.

어느 날 갑자기 공황장애가 찾아오다

블랙아웃을 일으킨 것은 JJ씨였다. 그는 48세 독신 남성으로, 고등학교를 졸업한 후 23세에 IT회사를 창업해서 성공했다. 회사는 커졌지만 45세에 그 회사를 후배에게 양도하고 은퇴했다. 지금은 아파트에 혼자 살고 있다. 은퇴 이유는 아무에게도 말하지 않았지만, 몸도 마음도 너덜너덜해져서 공황장애를 앓고 있기 때문이었다.

공황장애란 만원 전철이나 비행기 등 폐쇄된 공간에 있을 때 '나는 갇혀서 움직일 수 없다'는 생각이 들며 갑자기 불안해지는 증상을 보인다. 결국 심장 고동이 격해지고 숨이 가빠져서 호흡이 잘 안 되는 괴로움이 찾아온다. 그러면 죽음의 공포가 밀려온다.

이와 비슷한 체험을 해본 사람도 많을 것이다. 어린 시절 나는 숨바꼭질을 하다가 작은 창고에 들어갔다. '여기는 아무도 발견 못하겠지. 됐다'라고 생각했을 때 문이 잠긴 것을 알아차렸다. 이대로 갇히면 죽을지도 모른다고 생각하니 숨이 가빠져서 패닉 상태가 되었다.

공황장애는 이런 불안 발작이 어른이 된 뒤에도 전철이나 비행기 안에서 자주 일어나는 것이다. 그것도 문이 잠긴 상황이 아니라 매우 흔한 폐쇄공간에서 일어난다. 한 번 일어나면 전철이나 비행기에 타지 못하게 된다.

JJ씨는 43세 무렵부터 증상이 시작되었다. 처음에는 출장을 위해 탄 비행기 안에서였다. 점차 길거리에서도 일어나게 되었고, 일주일에 두세 번 지속되는 일도 있었다. 그때마다 업무에 지장이 생겼다. 심장병을 의심해서 몇 번이나 검사를 받았지만 이상을 발견하지 못했고, 마지막에는 공황장애라고 진단받았다. 그래서 은퇴를 결심했다.

은퇴하고 정신과를 서너 군데나 다녔다. 모두 공황장애라고 진단을 내렸지만, 약만으로는 깨끗이 낫지 않아서 나에게 상담을 하러 왔다. 이제부터 소개하는 것은 블랙아웃이 일어나기 1년 전의 일이다. 그때의 대화를 먼저 소개하겠다.

JJ 제 증상은 약으로는 나을 수 없나요?

Co 약은 대증요법으로, 일시적으로 증상은 억제되지만 완전히 낫지는 않아요.

JJ 근본적인 치료에는 무엇이 필요한가요?

Co 정신요법, 심리상담입니다.

JJ 심리상담으로 무엇이 바뀌나요?

Co 예를 들어 심리상담에서는 자기 자신을 표현하는 더 확실한 말을 발견하게 됩니다. 그 말을 받아들이거나 이미 사용하던 말이라도 사용하는 순서를 바꾸기도 합니다. 그렇게 하면 지금까지 자신이 사용해온 인생의 문법이 바뀝니다. 그 결과 비행기나 전철 속 상황을 지금까지와는 다른 방법으로 이해하게 되어 공황장애가 일어나지 않게 되지요.

JJ 정말인가요? 그런 일이 일어납니까?

Co 정말이에요. 일어납니다.

JJ 흥미롭네요.

Co 네, 심리상담은 흥미롭지요.

JJ 컴퓨터에 비유하자면 프로그램을 다시 쓰는 건가요? 앞으로 저는 더 잘 맞는 말을 찾아서 자신의 프로그램을 다시 쓰는 거군요.

Co 그렇습니다. 다시 쓰기가 더 깊은 수준에서 일어나면 OS(컴퓨터 전체를 제어하는 소프트웨어)의 다시 쓰기가 일어나기도 합니다. 그때

블랙아웃을 겪게 되는데, 그것은 자기책임입니다. 괜찮으시겠어요?

JJ 엇, 블랙아웃이라면?

Co 다시 쓰기가 OS 수준으로 일어나면 내가 누구인지 모르게 되는 순간이 있어요. 컴퓨터 재부팅 같은 것입니다. 물론 괜찮아요. 제가 마지막까지 지켜볼 테니까요.

JJ 그런 일도 일어나나요? 정말 흥미롭네요. 꼭 심리상담을 시작하고 싶어요. 잘 부탁드립니다.

Co 알겠습니다. 그러면 시작하겠습니다.

1년 후
블랙아웃을 일으키다

이렇게 심리상담은 시작되었다. 그리고 약 1년 후 JJ씨에게 블랙아웃이 일어났다. 어느 날 그는 한 번도 쉬지 않고 다니던 심리상담에 나타나지 않았다. 혼자서 방에 있을 때 잊고 있던 학대의 기억이 되살아나서 공포에 떨며 옴짝달싹 못했다고 한다. 방에 웅크리고 앉아 자신이 누군지 모르게 되었다.

블랙아웃은 일주일 동안 지속되었다.

왜 그런 심한 블랙아웃이 일어났느냐면 그가 어렸을 때 심한 학대를 당해서 마음속에 죽음의 공포를 안고 있었기 때문이었다. 가혹한 환경에서 살아남기 위해 심한 자기 규제(규칙)를 부과해서 공포를 억제하고 다른 사람보다 몇 배나 노력하면서 살아왔다.

외동이었던 그를 아버지는 때리고 발로 차는 신체적 학대를 했고, 어머니는 밥을 챙겨주지 않고 열이 나도 병원에 데려가지 않아 양육을 방치했다. 유치원에도 가지 못했기에 초등학교에 올라갔을 때 글자를 읽지 못했고, 자기 이름도 쓰지 못했다.

학교 선생님이 하는 말을 이해하지 못했고 책상에 앉거나 책을 펼쳐야 하는 의미도 몰랐기에 멍하니 앉아 있다가 마음대로 교실 밖에 나가기도 했다. 학교에서는 그를 발달장애아라고 여겼다.

초등학교 4학년 무렵이 되어 겨우 학교라는 시스템을 이해했고 얌전하게 수업을 듣게 되었다. 그때부터 급격히 성적이 올라가서 중학교에서는 상위권에 들어갔다. 그러나 학비를 내지 못해서 아르바이트를 하면서 고등학교를 졸업했다. 고등학교 시절 부모는 이혼했고 어머니와 함께 살았다. 아르바이트로 번 돈은 학비 이외에는 어머니에게 빼앗겼다. 언제 부모가 이혼했는지도 몰랐다.

회사를 창업한 뒤 필사적으로 일해서 회사를 키웠다. 직원에게 상냥하게 대하는 사장으로, 중졸로 고생하는 젊은이를 채용해서 성장시켰다. 40년 동안 계속 노력하는 삶을 살았다. 그러나 40세를 넘자 공황장애가 생겨서 쓰러지고 말았다. 사람이 두려워졌고 회사를 양도한 후에는 아파트의 한 방에서 틀어박혀 혼자 떨었다.

노력하고, 인내하고, 필요한 의무를 다하며, 다른 사람을 돕는 것이 그의 삶의 방식(규칙)이었다. 그리고 그것을 충분히 하지 못하는 자신을 항상 책망했다. 공황장애는 억눌려 있던 불안, 공포가 어떤 계기로 분출되는 병이다. 한 번 일어나면 반복된다.

노력하면 어떻게든 된다, 노력하면 무섭지 않다, 노력하면 부모에게 버림받지 않는다, 죽지 않는다는 어린 시절 그의 삶의 방식은 공포에 뚜껑을 덮기 위한 규칙이었다. 그래서 노력하지 못하는 자신을 항상 원망했다.

JJ씨는 심리상담 중에 열심히 다른 사람을 돕고 싶다고 생각한 것은 사실 자신이 사랑받고 싶어서였음을 이해했다. 그때 그저 노력만 하는, 다른 사람에게 애쓰기만 하는 그의 삶의 방식은 근본적으로 깨지고 말았다. 노력이 중단되자 덮어두었던 공포가 분출되었다. 어느 날 갑자기 그는 움직이지 못하게 되었다.

학대의 기억이 되살아나서 3일 밤낮을 한잠도 못 자고 어두운 방구석에서 웅크리고 앉아 공포를 견뎠다. 지옥 속을 기어 다니고 있었다. 4일째 아침 "신이 구하러 오셨습니다"라고 했다. 고층 아파트 창가에 아침 햇살이 쏟아져서 방 안이 환해졌다. 새하얗게 되어 아무것도 보이지 않게 되었다. 공포는 사라지고 마음이 차분해졌다. 그때부터 온전히 이틀 동안 하얀 세계 속에서 있었고, 3일째부터 방 안의 모습이 보였다. 하지만 색이 없는 흑백이었다. 하루가 더 지나고 컬러가 되었다. 정신을 차려보니 일주일 동안 거의 아무것도 먹지 않았다.

새하얀 밥을 짓고 된장국을 만들었어요. 김과 오이절임밖에 없었지만 그때까지 먹었던 어떤 풀코스 요리보다 맛있었어요. 천천히 씹어 넘겼습니다. 맛있다고 스스로 말하고 눈물을 흘렸어요. 열심히 노력해왔다고 생각하니 나 자신이 좋아지고, 자신을 사랑하게 되었습니다.

그때 떠오른 것은 앞뒤가 맞았다는 말이었습니다. 인생의 앞뒤가 맞았습니다. 마지막에 신이 나타나서 그렇게 되었다고 생각했습니다.

선생님, 정신을 차려보니 심리상담 약속을 잊었더군요. 죄송합니다. 저는 다시 태어났어요. 이제 지금까지와는 다른 세상에서 살아갈 거예요. 매일 아침, 떠오르는 아침 해가 아름답고, 된장국이 맛있어요. 선생님이 말씀하신 블랙아웃이 이거였군요.

그가 발견한 말은 아침 해가 아름답다, 된장국이 맛있다, 자신을 좋아하게 되었다, 이 세 가지였다.

제6장

자신의 마음을 듣기

– 자기 이야기를 듣고 이해하면 자신을 수용하게 되어 고민이 사라진다

듣는 기술은 자신을 아는 기술이다

지금까지 듣는 기술의 4단계에 대해 알아보았다. 이제 알다시피 듣는 기술은 사실 마음을 아는 기술이다. 따라서 지금까지 배운 듣는 기술을 그대로 자신의 마음을 아는 기술로 활용해보자.

자신의 기분을 듣는 것은 언제 어디서나 할 수 있다. 어떤 식으로 하는지 간단히 설명하겠다.

1. 결론을 내지 않고 가만히 자신의 마음을 듣는다

자신의 마음에 떠오르는 말과 감정을 가만히 듣는다. 어떤 생각이나 감정이 떠오르든 그대로 듣는다. 분노가 솟아오르면 '그렇구나' 하고 생각한다. 일반적으로는 분노가 솟아오르면 어떻게든 스스로 제어하려고 한다. 일단 분노를 억제하려고 하는 것이다. 그러나 분노가 지나치게 강하면 어떤 행동을 시도한다. 둘 다 자연스러운 마음의 흐름이다. 자신의 마음을 가만히 듣는 것은 분노를 억제하거나 분노를 실행하려고 생각하지 않고 그저 자신이 화가 났다고 생각하는 것이다.

예를 들어 며칠 전 친구 S와 나눈 대화가 불현듯 떠올라 화가 치밀었다고 하자. '그때는 별로 마음에 담아두지 않았지만, 생각해보니 S가 한 말은 예의가 없네'라는 식이다.

사람은 일단 분노를 억제하려고 한다. '그런 식으로는 생각하지 말자', '그에게도 뭔가 이유가 있겠지'라고 생각해본다. 또 반대로 분노가 강하면 '다음에 만나면 꼭 한마디 해줘야지'라거나 '이렇게 되갚아줘야지'라고 생각한다. 모두 마음의 자연스러운 움직임이다.

분노를 억제하는 것은 규범 A다. 불만을 말하려고 하는 것은 감정 B다. 여기에서도 고민의 구조인 갈등이 있다. 가만히 듣는다는 것은 기분을 억제하려고 자신을 설득하든 상대에 대한 불평의 표현을 생각하든 어느 쪽이 좋은지 결론 내지 않고 두 가지를 각각 인정해서 그대로 두는 것이다. 커다란 분노라면 무리일지도 모르지만, 사소한 분노라면 끝까지 들을 수 있다. 여유가 있을 때 시도해보면 좋을 것이다. 이렇게 할 수 있으면 분노가 물러나는 것을 알 수 있다.

그러면 기쁨을 느낀다면 어떻게 해야 할까? 이것도 그대로 듣는다. '기쁘다', '좋다'고 생각하면서 그 시간을 즐긴다. 그러나 기쁨이라도 가만히 들을 수 없을 때가 있다. '좀 더 즐거운 일, 좋은 일을 생각하자'라거나 '또 기쁠 수 있게 노력해야지'라고 느껴질 때다. 반대로 '이런 일로 기뻐해서는 안 돼. 이겼다고 방심해서는 안 돼'라는 식으로 생각할 수도 있다. 둘 다 마음의 자연스러운 움직임이다.

기쁨을 솔직하게 받아들이려고 하지 않는 마음에는 규범 A가 있다. 자신의 마음을 들을 때는 규범 A는 그대로 두고, 기뻐하는 것이 좋다.

2. 이유가 있을 것이라고 동조하면서 자신을 듣는다

어떤 일을 생각하든 느끼든, 자기 내면에서 나온 것이니 뭔가 정당한 이유가 있을 것이라고 동조하는 마음으로 듣자. 그런데 자신에게 동조하면서 듣기는 매우 어려워 보인다. 대개 우리는 어느 부분에서 자신을 싫어한다. 자신이 정한 일이나 규칙(규범 A)에 따르지 않는 자신의 모습을 싫어하기 때문이다. 그래서 규범 A가 강한 사람은 그에 비례해서 자신을 싫어하는 정도도 강해진다. 물론 예의 바르게 살아가려면 자신을 싫어하는 일도 중요하다. 그러지 않으면 본디 우리는 어리석고 엉터리 같은 부분이 많으므로 살기 어려울지도 모른다.

그래서 싫어해도 좋으니 그런 자신을 지나치게 책망하지 않도록 하자. 자신을 싫어하는 것도 좋아하는 것도 모두 마음의 자연스러운 움직임이다. 타인의 일처럼 자신에게 "여러 일이 있으니 그렇게 느낄 수밖에 없지"라고 말해줄 수 있다면 자기 상담자로서 일류다. 동조하면서 듣는 것이다.

아무리 해도 동조할 수 없는 생각이나 감정이 나올지도 모른다. 그때는 "애석하지만 지금은 동조할 수 없어. 틀려도 좋으니 생각하는 대로 해봐"라고 전달하고 그것은 그대로 두자. 듣지 못하게 되었을 때의 대증요법이다. 그러면 곧 어떤 계기로 동조할 수 있는 이유를 찾아낼 것이다.

자신의 마음을 동조하면서 듣는다는 것은 소위 말하는 포지티브 싱킹Positive Thinking과는 다르다. 가장 다른 것은 자신의 내면에 말하는 자신과 듣는 자신이 있다는 점이다. 포지티브 싱킹에는 말하는 자신(혹은 행동하는 자신) 한 사람밖에 없으므로 그것에 계속 동조하게 되어 결국 무리하게 된다.

반면에 듣는 자신을 세우면 말하는 자신에게 동조하기가 쉬워진다. 그 이유는 말하는 자신을 객관적으로 보는 시점이 생기기 때문이다. 객관적이 된다는 것은 대상물에서 거리를 두는 일이다. 자신이 자신에게서 떨어지는 것이다.

사람의 마음은 이상하게도 위기에 직면해서 자신이 어찌할 수 없게 되면 자기 내면에 말하는 자신과 듣는 자신을 자동적으로 만들어내서 눈앞의 위기에 대처하는 일이 있다.

"그 소식을 듣고 충격을 받았어요. 어떻게 해야 좋을지 몰라서 머릿속이 새하얗게 되었어요. 이렇게 할까, 저렇게 해야 하나. 머릿속에 여러 생각이 빙글빙글 돌아다녔어요. 초조함이 멈추지 않았고 곧 손이 떨려왔어요. 그러다가 문득 초조해하는 나를 보고 있는 냉정한 나 자신이 있음을 깨달았더니 기분이 편해졌어요. 그리고 지금은 초조해해도 소용이 없다는 생각이 들었어요."

이런 이야기를 알려준 것은 T였다. 그는 회사에서 중요한 프레젠테이션을 하기 직전에 어머니가 입원했다는 문자를 받았다. 누나에게 온 문자였다. "일단은 걱정하지 말고 퇴근길에 와줘"라며 병원의 연락처가 담겨 있었다. 어머니는 최근 몇 개월 동안 심장병으로 검사를 받아왔었다.

초조해하는 자신을 다른 한 사람의 듣는 자신이 동조하면서 들어준다. 그래서 동요는 진정되고, T는 업무를 완수할 수 있었다. 이렇게까지 깔끔하게 말하는 자신과 듣는 자신을 분리하지 않아도 비슷한 마음의 움직임은 누구라도 있다. 자신의 일을 냉정하게 듣는 작업은 공통이다.

듣는 자신을 세운다는 행위는 다르게 표현하자면 자신에 대한 평가를 하지 않는다는 것이다. 자신에게 모든 것을 동조하면 평가는 없어진다. 결과적으로 자기 평가가 올라가고 만족감이 깊어진다.

자신의 마음에 떠오른 생각, 그때 느낀 감정과 감상, 그것에 모든 것을 동조하면서 듣게 되면 사람은 어떻게 될까? 그렇다. 매우 편해져서 대부분의 고민은 사라질 것이다.

3. 말이 나오기 전의 감정을 듣는다

앞의 '가만히 자신의 마음을 듣기'에서 예로 든 친구 S에 대한 분노를 떠올려보자. 그는 며칠 전 S와의 대화를 떠올리고 화가 났다. 떠올린 것은 분노의 감정이다. "그때는 별로 마음에 담아 두지 않았지만"이라고 했지만, 실은 분노가 남았던 것이다.

이처럼 우리가 자신의 말을 듣는 경우에는 처음부터 자신의 감정을 듣고 있다. 아직 말이 되지 않은 감정을 듣는 것이다. 그것을 알아차렸는가? 이것은 감정 → 말의 순서로 사고가 진행된다는 의미다. S에 대한 두 가지 말, ① 분노를 억제하려고 한 말 '그에게도 뭔가 이유가 있겠지'와 ② '다음에 만나면 꼭 한마디 해줘야지'는 S에게 향하는 분노를 느끼고 그것에 대처할 방법으로 고민할 때 생기는 말이다. 감정이 생기고 → 그 대처를 생각하면 → 말이 나온다. 고민이 생기면 말은 반드시 두 가지가 된다. 이것이 바로 갈등이다.

이것을 깨닫고 '아, 나는 분노를 느꼈구나'라고 듣는 것이 자신의 감정을 듣는 일이고, 그것은 말보다도 깊은 수준에서 마음을 듣는 일이다.

눈앞에서 녹음이 푸르른 나무가 미풍에 흔들려 빛나고 있다고 하자. 우리는 "와, 예쁘네. 초록빛이 반짝거리네"라고 말한다. 그러나 푸르른 나무는 내가 예쁘다고 말로 하기 전에 이미 내 속에서 긍정적인 감정을 부르고 있다. 말은 그 감정의 일부를 잘라내어 형태가 있는 소리(언어의 자의성)가 된 것이다. 그것은 다른 사람에게 전달하기 위해서, 자신의 기억에 남기기 위해서 하는 작업이다.

마음은 먼저 감정의 수준에서 움직이고 그 후에 그것을 상대에게 전달하기 위해 말을 사용한다. 감정이 말로 번역된다. 말은 사회적인 것, 모두 함께 공유하는 것이다. 그렇다는 것은 내가 나무에 느낀 감정이 말로 번역될 때 사회적으로 타당한 것(=전달되는 것=말)이 되어 그곳에 포함되지 않는 것은 남겨진다는 뜻이다.

내가 한 말을 듣고 상대는 나를 이해한다. 엄밀하게 말해서 내가 나무에 대해 느낀 것과 그 언어의 표현을 듣고 상대가 나무에 대해 느끼는 것에는 차이가 있다. 하지만 그것은 보통 사회적으로 제대로 기능하도록 자동으로 조절된다.

만약 여러분이 자신의 감정을 그대로 듣게 되면 이 차이는 생기지 않는다. 말하는 사람과 듣는 사람이 같기 때문이다. 심리상담에서 상담자는 처음에 내담자(타인)가 사회적으로 번역한 말을 듣고 그 후에 상상력을 동원해서 진정한 감정을 듣는다. 내담자가 정말 말하고 싶은 것은 말을 넘은 감정 속에 있다.

자신의 마음도 그렇다. 말만으로는 파악되지 않고, 그때그때의 말이 생겨나기 전 자신의 감정에 귀를 기울이면 일상생활의 말의 수준으로는 알아차리지 못한 것이 보인다. 하고 있는 말보다도 감정이 현실감 있어 몸에 와 닿는다. 말에는 없는 감정의 강점이다. 그러면 깊은 감정의 아래에는 무엇이 있을까? 아마 여러분 자기 자신이 있을 것이다.

4. 해결이 없다고 생각하고 자신의 갈등을 듣는다

갈등은 해결할 수 없다는 모순이 있다. 하지만 이것은 말의 수준에서 일어나는 일이다. 두 가지 자신, 예를 들어 감정 B는 화가 나서 친구에게 한마디 해주고 싶지만, 규범 A는 유치한 짓이고, 친한 친구니까 그러면 안 된다고 생각한다. 이것이 갈등이다. 심리상담에서는 그런 경우 양측을 긍정해주면 된다고 배웠다. 갈등의 양측을 긍정하는 것이다.

그러면 자신의 경우는 실제로 어떻게 해야 할까? 친구에게 불만을 말했다가 친구를 잃을까 불안하다. 물론 그런 경우도 있지만, 제대로 불만을 털어놓고 더 친해지는 일도 있다. 어느 쪽이든 있을 수 있다고 생각하지만, 정말 친구를 잃으면 어찌 해야 할지 다시 불안해진다. 그러면 이번에는 말하지 않고 참는 쪽으로 해본다. 하지만 그렇게 하면 기분이 진정되지 않고 역시 화가 난다. 제대로 전달해서 알게 하고 싶다.

결국 갈등한다. 사례에서 배웠듯이 갈등이 절정에 달하면 아무것도 생각하지 못하게 되어 정적이 찾아오고 그저 기다리기만 하는 시간이 된다. 힘이 빠지고 체념하면 살짝 슬픔을 느낀다.

'아, 이런 일로 고민하면서 필사적이 되는 나 자신이 불쌍하네.'

여기까지 오면 골똘히 생각했던 갈등이 그대로 남아 방치할 수 있다. 방치한다는 것은 말의 수준을 나온다는 것이다. 말을 버리고 그대로 놔둔다. 그럴 때 또 S를 만날 기회가 있으면 트릭스터가 등장할지도 모른다. 트릭스터는 반드시 좋은 방향으로 해결을 촉진해주므로 안심하고 있으면 될 것이다.

자기이해에서 자기수용으로

다른 사람의 이야기를 듣는 것은 상대의 마음을 정리하는 작업이다. 자신의 이야기를 듣는 것은 자신의 마음을 이해하는 작업이다. 자신의 일을 전부 이해할 수 있다면 어떻게 될까? 아마 고민이 전부 사라질 것이다. 나도 그런 체험까지는 해본 적이 없지만, 이론적으로는 그렇게 될 것이다. 참 흥미롭지 않은가? 꼭 체험해보고 싶다.

마음을 듣는 기술은 자신의 마음을 듣는 기술이며, 말을 발견하고 말을 넘어 마음을 그대로 인정하는 기술이다.

맺음말

이 책의 마지막에 전하고 싶은 것은 마음이 논리적으로 움직인다는 것이다. 일반적으로 마음은 변화하기 쉽고, 감정은 제어할 수 없으며, 심리는 객관적이지 않아서, 마음은 모호하고 파악하기 어렵다고 했지만, 그렇지 않다.

마음의 움직임은 매우 논리적이다. 다만 마음의 더 깊은 수준을 들여다본다는 조건 아래에서 그렇다. 마음은 더 깊은 수준에서는 매우 논리적으로 움직인다. 이 책에서 설명한 듣는 기술의 4단계는 1단계에서 4단계로 가면서 마음이 깊어진다고 설명했다. 이런 시점에서 매일 내담자나 자기 마음의 움직임을 보고 있으면 '아, 논리적으로 움직이고 있구나'라고 감탄할 때가 많다.

논리적이라는 것은 과학의 본질이라고 한다. 전문적인 표현을 하자면 그 이론이 반증가능성Falsifiability을 가지고 있다는 것이다. 반증가능성은 '마음은 A의 경우에는 B로 움직인다'는 이론이 있을 때 그 내용에서 논리적으로 '그러면 C의 경우에는 D로 움직일 것이다'라고 추론해서 실제로 마음이 C일 때 D가 되는지를 확인할 수 있는지(반증가능성이 있는지)를 보는 것이다. 확인할 수 없다면 그 이론은 틀렸다고 할 수 있다.

눈앞에 있는 내담자의 마음의 움직임을 느끼고 '여기에서 자신의 분노를 깨달으면 마음이 편해진다'고 추론해서 듣고 있으면 잠시 후 실제로 그렇게 되거나, 이론적으로 생각했을 때 슬슬 트릭스터가 등장해도 좋은 타이밍이라고 생각하면 실제로 그런 사건이 일어나는 식이다. 이런 추론이 성립된다는 의미로 마음은 논리적(과학적)이다.

듣는 기술은 바꿔 말하면 안심하고 상대의 이야기를 듣기 위한 기술이다. 듣지 못하게 되는 것은 듣는 사람이 불안해지기 때문이라고 설명했다. 이때 안심하고 들을 수 있는 것을 보장해주는 것이 마음의 논리성이다.

마음이 논리적으로 움직이고 있다고 생각한다면 이야기를

듣고 있어도 안심할 수 있다. 예를 들어 상담자가 '지금은 3단계로 괴로워하고 있지만 그 공포를 말로 표현한다면 반드시 편해질 거야'라고 추론하면서 듣는다. 그러면 괴로운 이야기나 출구가 없다고 느껴져도 안심하고 들을 수 있다. 그리고 안심하고 듣고 있으면 듣는 사람의 안심이 말하는 사람에게 전해져서 말하는 사람은 더 자유롭게 이야기할 수 있다. 그러면 마음이 점점 깊어져 마음의 움직임이 더 확실히 보인다. 그리고 마지막에 마음은 바라는 대로 움직여 고민이 해결된다.

마음에는 더 깊은 수준을 이해해가려고 하는 자연스러운 힘이 갖추어져 있다. 자기 조직화하는 힘이다. 이 힘에 이끌려 마음은 자연스럽게 더 논리적으로, 더 안정된 상태로 나아간다.

듣는 기술을 중심으로 이야기하면서 마음을 탐구하는 여행이 즐거웠는가? 다른 사람의 이야기를 듣기 위해, 또 자신의 마음을 듣기 위해 이 책이 조금이라도 도움이 되었기를 바란다.

다카하시 가즈미